破译螺蛳粉『流量密码』

柳州依托螺蛳粉
建构和传播
城市形象研究

李斌——著

广西教育出版社
·南宁·

图书在版编目（CIP）数据

破译螺蛳粉“流量密码”：柳州依托螺蛳粉建构和传播城市形象研究 / 李斌著. -- 南宁：广西教育出版社，2024. 8. -- ISBN 978-7-5435-9503-3

Ⅰ. G127.673

中国国家版本馆 CIP 数据核字第 2024381JP8 号

责任编辑：苏方芳　　装帧设计：李浩丽
责任校对：龙一新　唐　雯　　责任技编：蒋　媛

出 版 人：石立民
出版发行：广西教育出版社
地　　址：广西南宁市鲤湾路 8 号　　邮政编码：530022
电　　话：0771-5865797
本社网址：http://www.gxeph.com
电子信箱：gxeph@vip.163.com
印　　刷：广西民族印刷包装集团有限公司
开　　本：787mm×1092mm　1/16
印　　张：16
字　　数：240 千字
版　　次：2024 年 8 月第 1 版
印　　次：2024 年 8 月第 1 次印刷
书　　号：ISBN 978-7-5435-9503-3
定　　价：58.00 元

目 录

导 言

真是令人惊奇！小米粉搞出这么大规模的产业来，不容易，值得好好研究总结。

2021 年 4 月 26 日，习近平总书记在柳州螺蛳粉生产集聚区考察时称赞道

一碗粉，惊奇了世界的目光，惊醒了世人的味蕾，惊艳了一座工业名城。

袋装柳州螺蛳粉产业于 2014 年底从零起步，经过短短 8 年时间，2022 年销售收入突破 180 亿元，目前已批量出口到全球 20 多个国家和地区。

柳州螺蛳粉“小米粉大产业”的蜕变，是柳州百年工业积淀的结晶，是柳州人民创新创造的成果，更是柳州牢固树立和自觉践行新发展理念的成效。

一碗粉，红遍天下，“圈粉”无数。柳州螺蛳粉的爆火已成为人们争相探秘的产业现象、传播现象。柳州也因此以“网红城市”的形象成功“出圈”，游客从天南地北纷至沓来，这座城市一个个“网红景点”也被粉丝们挖掘了出来。

从“路边摊”到“工业园”再到“俏全球”，柳州螺蛳粉成功“出圈”，让世界为之惊叹！这是地方美食成为“网红美食”的优秀范例，是工业城市用好工业思维发展特色产业的成功样板，是一座历史文化名城借助特色美食实现文旅产业“破圈”的代表样本，是一座普通城市依托“可食用的城市名片”推进城市形象建构传

播，成为“网红城市”的典型案例。

“网红”，最早是“网络红人”一词的缩写。现在，凡在互联网上拥有较高流量、被广泛关注的事物，常被冠以“网红”二字。“网红校园”“网红美食”“网红地标”“网红景点”……“网红”所指范围不断扩大，“网红城市”应运而生。

有学者分析，“网红城市”已发展至4.0时代。1.0时代，主要是以自然风景闻名的城市，如丽江、大理。2.0时代，出圈的是人工城市景观，典型代表是重庆、成都、西安等城市。3.0时代，“吃喝玩乐”是关键词，如长沙的“超级文和友”备受关注；4.0时代是“产业时代”，靠“消费性服务业”火热的淄博是典型代表。①

袋装柳州螺蛳粉从2014年底诞生以来，一直是公众瞩目的焦点、舆论关注的热点、网络流量的“爆点”。“网红粉”带动了“网红城”，柳州螺蛳粉成了柳州建构和传播城市形象的基础和依托。借助柳州螺蛳粉，柳州成为游客争相前来打卡的“网红城市”，消费服务业得到进一步发展。

按照前述“网红城市”的分类，由柳州螺蛳粉带火的柳州，跨越了“网红城市”的3.0时代、4.0时代。

“城市形象”的定义最早由美国学者凯文·林奇（Kevin Lynch）提出，他认为“城市形象”由道路、边界、区域、节点和标志物等五个要素构成，指城市景观本身的可识别性和视觉形象产生的“公众印象”②，强调实体空间中的城市形象。随着大众传播（包括互联网）的发展，意大利学者约翰·富特（John Foot）赋予“城市形象”新的维度，认为“城市形象”离不开大众媒介在拟态环境中建构的“媒介形象”，是人们对城市的“主观印象”③，更强调城市在大众媒体中的“媒介形象”。随着相关理论研究不断深入，城市形象的内

① 刘少华，侯婧怡，徐玉洁. 你所在的城市，“网红”了吗［N］. 人民日报（海外版），2023-05-17（5）.

② LYNCH K. The image of the city［M］. Cambridge，Mass.：MIT Press，1960：46.

③ FOOT. J. M. From boomtown to bribesville：the images of the city，Milan，1980-97［J］.Urban History，1999，26（3）：393-412.

涵也在不断延伸。在经济全球化高度发展的今天，独特的“城市形象”已成为城市发展和传播战略的重要组成部分。

柳州位于广西中北部，工业总产值常年位列广西第一，但囿于区位、城市体量、经济总量、文化底蕴等多方面因素，城市形象的对外传播存在一定困难，城市知名度长期不高、影响力不强。

每一座城市都希望名扬天下，而少数城市天生自带名气，大部分城市则默默无闻。从无名到有名，城市文化标签如何书写、城市特色文化如何打造，柳州提供了典型样本。柳州是国家历史文化名城，是一座山水风光独特的城市，也是我国西南地区重要的工业基地，工业文化积淀深厚。但从城市形象传播角度看，单靠工业“一条腿”走路难免“跛腿”，历史文化名城的优势没有发挥出来，秀美的山水相较邻近的、自带名气的城市也显得黯淡无光。

从 2011 年“螺蛳粉进京”项目实施开始，柳州找到了建构和传播城市形象的突破口。柳州螺蛳粉从“现煮堂食”变身“袋装速食”，成为风靡网络的“网红”，并大量出口海外。柳州抓住时机，积极营造话题，精心策划活动，借助主流媒体平台和新媒体平台，讲好产业故事、品牌故事和城市故事，在媒介平台保持了较高的曝光量，形成了城市独特的符号，同时借此塑造城市的“媒介形象”，建构和传播城市形象，取得了良好效果。“舌尖”带动“脚尖”，柳州吸引了众多游客前来打卡。

本书以柳州依托螺蛳粉建构和传播城市形象为研究案例，总结和研究柳州打造柳州螺蛳粉产业并通过柳州螺蛳粉传播城市形象，打造“可食用的城市名片”，进而成为“有味道的中国名片”讲述“有味道的”中国故事的历程，提出对于从“网红城市”迈向“长红城市”的思考，探究“网红城市”形成的内在机理。通过对柳州螺蛳粉成为“网红”进而带动城市形象传播“出圈”的个例剖析，解析传播城市形象的方法和路径，为相关城市推动城市形象传播破局、“破圈”提供参考和借鉴。

本书第一章探究 2011 年柳州选择打造柳州螺蛳粉产业的初衷。当时的柳州缺少一张响亮的城市名片，制约了城市形象的建构和传播。柳州市委、市政府采取了一系列措施打造城市品牌，其中就有“城市 + 美食”打造城市名片的方案。从那时候起，打造柳州螺蛳粉品牌有了顶层设计，通过实施“螺蛳粉进京”等项目推广柳州螺蛳粉，从而推介柳州城市形象。柳州打造螺蛳粉产业，其初心就是为了建构和传播柳州城市形象，提高柳州的知名度、美誉度。

第二章深入挖掘袋装柳州螺蛳粉诞生的过程。通过实施“螺蛳粉进京”等项目推广柳州螺蛳粉进而提高柳州知名度，其设想是值得肯定的，但开设螺蛳粉门店受店面租金贵、空运原材料成本高、难以大规模开设门店等制约，实际很难达到打造城市品牌的效果。真正让柳州螺蛳粉以及其附带的柳州城市形象传播功能“出圈”的，是袋装柳州螺蛳粉的出现。而袋装柳州螺蛳粉的诞生，经过了近 30 年的努力和探索，一批先行者为之付出了艰苦的努力，为今天袋装柳州螺蛳粉火爆网络、行销世界打下了基础。

第三章探究柳州螺蛳粉背后的历史文化。在柳州这片土地上，距今 2 万多年前就有古人类在这里“嗍螺”。而关于柳州螺蛳粉的诞生，普遍的说法是，在 20 世纪 70 年代末至 80 年代初的柳州夜宵摊，由于一个美丽的巧合让鲜香的螺蛳汤与爽滑的米粉偶遇，瞬间迸发出的美味让人品尝后久久不能忘怀，于是螺蛳粉迅速风靡起来。柳州螺蛳粉诞生短短 40 多年，其制作技艺就成功入选国家级非物质文化遗产代表性项目名录，其中还有国家层面的特殊考量。柳州螺蛳粉蕴含的非物质文化魅力、独特的吸引力，为柳州螺蛳粉风靡全国、俏销世界打下了基础，也为柳州能够依托柳州螺蛳粉的传播力实现城市形象的建构和传播奠定了基础。

第四章解析 2020 年由“宅家经济”推动形成的螺蛳粉舆论热点。新冠疫情初期的“宅家经济”，让柳州螺蛳粉遭遇“全网催货”，多次登上淘宝热搜榜榜首，位列宅家食物排名榜第一名，成了网络上最火爆的食品。据不完全统计，仅 2020 年上半年就有 30 多个有关“螺蛳粉”的话题登上新浪微博热搜榜，这些话题仅在新浪微博的阅读量就超过 50 亿人次，同时也吸引了各大主流媒体关注。柳州螺蛳粉成了沟通线上线下、大屏小屏互动，打通新媒体和传统媒体“两个舆论场”的热点。柳州积极用好柳州螺蛳粉的网络流量，促进了柳州城市形象的传播。

第五章总结并分析柳州通过柳州螺蛳粉借“螺”增“粉”的举措。柳州螺蛳粉从“现煮堂食”变身“袋装速食”，成为风靡网络的“网红”，柳州抓住时机，积极营造话题，精心策划活动，借助主流媒体平台和新媒体平台，讲好产业故事、城市故事和发展故事，在媒介平台保持了较高的曝光量，通过塑造城市的“媒介形象”，柳州成功跻身“网红城市”。

第六章剖析柳州通过柳州螺蛳粉的“网红”流量，向世界讲述“有味道的”中国故事的路径。美食是传播中华文化的重要载体，2021 年，袋装柳州螺蛳粉包裹寄递量超 1 亿件，其中一部分还出口到 20 多个国家和地区，直抵国外受众的餐桌，成了直接到“胃”的国际传播。柳州通过行销世界的柳州螺蛳粉，讲好柳州螺蛳粉的故事，成就了生动传播我国饮食文化的成功案例。

第七章通过柳州应对有关柳州螺蛳粉的负面舆情、为产业立法、开展“宠粉”活动等，解析柳州为打造“长红产业”“长红城市”所作的努力。俗话说“人红是非多”，树大难免招风，网上偶尔出现有关柳州螺蛳粉的一些没有经过权威检验实证的个例孤案引发的负面信息，被放大传播后，甚至成为舆论热议的焦点。地方特色产业特别是食品行业，比较脆弱，如若做不到妥善应对相关风险，从“红”到“黑”、从爆红到覆灭，往往就在旦夕之间。关注舆情处置、立法保护产业、做好“实力宠粉”，是柳州促进柳州螺蛳粉和城市品牌从“当红”变“长红”的关键举措。

第八章阐述了柳州如何借助特色产业“引流”，精心制造话题，积极谋划活动，借助传统媒体和新媒体放大声量，讲好产业、品牌和城市的故事。最终，柳州螺蛳粉在媒介平台的曝光量持续走高，形成了城市独特的符号。“舌尖”带动“脚尖”，“流量”成为“留量”，柳州“网红城市”形象成功“出圈”，线上有美誉度、线下有能见度，天南地北的游客“寻味”而来，一个个景点也随之爆红网络进入大众视野。

第九章分析了“网红城市”“红”的根本原因。深厚的城市底蕴、独特的城市文化、秀美的城市风光、可口的城市美食、舒心的城市环境，通过网络这个大众媒介，走进了更多人的视野，被人们了解和熟知。柳州在表面上因螺蛳粉而“红”，实际是良好的经济基础为柳州形象增添硬实力、深厚的历史文化底蕴赋予了柳州独特感召力、浓郁的“网感”特质提升柳州话题的传播力、厚植民生福祉擦亮幸福底色增强了柳州的亲和力，这些奠定了柳州“长红”的牢固基础。

第十章讲述了柳州如何将丰富的传播题材具象化，让城市形象更加立体、丰满，成为区别于其他城市的典型特征，从而激发媒体的兴趣点、读者的兴奋点。柳州以“四个一”（一台车、一江水、一朵花、一碗粉）为切入点，做好主题宣传、成就宣传、典型宣传，讲好柳州产业故事、发展故事、城市故事，达到媒体广泛关注、受众眼前一亮、故事深入人心的城市形象传播效果。而今，“一车风行、一江旖旎、一花倾城、一粉飘香”已成为柳州闪亮的城市名片、鲜明的城市符号。

第十一章讨论了柳州保持“长红”的可能性与具体方法。行稳方能致远，因美食而“红”的柳州，从 2014 年底袋装柳州螺蛳粉诞生开始逐步走红，并持续“长红”。与其说柳州是一座“网红城市”，不如说柳州是一座“当红城市”，从某种程度上来说已是一座“长红城市”。柳州要持续“长红”，需要持之以恒、久久为功，持续做大城市经济硬实力、持续增强城市文化感召力、提升柳州话题的传播力、增强城市环境的亲和力；要从“当红”的“网红”变“长红”，须以特色产业托起“融合 +”模式，以业态融合培育“惊奇 +”品牌，以厚植底蕴赋能“文旅 +”项目，优化环境催生“长红 +”效应。

本书主要从传播学的角度，在大量调研采访的基础上，试图通过运用新闻舆论、网络传播、国际传播、舆论引导相关理论，总结和解析柳州螺蛳粉持续走红并带动柳州城市形象建构和传播的路径、效果和内在逻辑。

·第一章·

源起：工业名城的“破圈”冲动

每一座城市都希望能够举世闻名、云集八方来客，但只有少数城市自带“明星范”而名扬天下，大多数城市默默无闻。一座城市从无名到有名，需要书写城市文化标签、打造城市特色文化、建构和传播城市形象。

2023年春节之后，作为广西第一大工业城市的柳州，突然迎来“泼天的富贵”，天南海北的游客蜂拥而至：五星街人头攒动，胜利美食城摩肩接踵，马鞍山的登山步道排起了蛇形长龙，窑埠古镇民族服装拍照突然爆火刮起了一股“最炫民族风”。就连青云菜市，也挤满了操着各种口音的游客。

更火爆的是各大螺蛳粉门店，无论是号称“西环一霸”的西环肥仔螺蛳粉店，还是“河西双雄”的“阿柠檬”和“万家螺”，还是“锌品厂双娇”的“阿娇”和“曹妹”，抑或培新路的“新月”、雅儒路的“娇姐”、跃进路的“凤张”……各大螺蛳粉店门口都排起了长队，绵延上百米者不在少数。不少游客刚下飞机、动车，就急不可耐地拖着拉杆箱直奔螺蛳粉店，赶紧吃上一碗柳州螺蛳粉。

“排队两小时，嗍粉五分钟”成为柳州不少螺蛳粉店的常态。不时有热情好客的柳州人在网上号召市民“让游客先吃”，错峰嗍粉，为游客提供更多便利。

相比以上这些线下表现，柳州在抖音、小红书、视频号上的热度更高。“开车2000公里只为吃一碗柳州螺蛳粉”“厦大学生打包6碗螺蛳粉到厦门”“‘人从众’！五星街游客爆满”等信息在网上广泛传播，吸引了更多人来探秘柳州这座“宝藏城市”。很多人真切地感受到，柳州突然就火“出圈”了！成了无数网友心心念念的“素未谋面的老家”。

从《南方周末》发布“2020 十大‘最具能见度’城市”，柳州因螺蛳粉带来的传播力入选，并被冠以“风味之城”的称号，排名第二，到柳州位列《新周刊》评出的“2022 年度十大出圈小城”，再到《中国国家地理》点赞柳州是座“宝藏城市”，种种迹象表明：柳州确实“出圈”了！

作为一座工业城市，柳州何以凭借美食“破圈”？这可以追溯到 10 多年前北京朝阳门外大街的“一碗粉”。

一、朝阳门外大街，来自柳州的原汁原味

2011 年 3 月 2 日，初春的北京乍暖还寒。朝阳门外大街一家名叫“螺师傅柳州螺蛳粉”的门店在这一天开业，来自广西柳州市的一股独特味道吸引了众多食客。

2011 年 3 月 2 日，食客在北京市朝阳门外大街的“螺师傅柳州螺蛳粉”店品尝螺蛳粉

这家门店与别的门店略有不同的是，店内喷绘了大幅城市景观照片，并通过循环播放柳州宣传视频、发放宣传册等方式介绍柳州的风土人情，传播柳州城市形象。

在繁华的北京城，一家饮食店不过是沧海一粟般极其微小的存在。但这家店开业时却很特别，时任柳州市主要领导来到现场，与前来吃粉的食客亲切交流介绍柳州。这家店开业前的 3 月 1 日晚，柳州市领导还陪同央视著名主持人鞠萍来到店里，一起品尝柳州螺蛳粉。

2011 年 3 月 3 日，《柳州日报》在头版显著位置以《做大螺蛳粉　宣传好柳州》为题，报道这家螺蛳粉店开业的消息。当时，新华社播发图片通稿《壮乡美食“螺蛳粉”进京》，并引述柳州市相关部门提供的材料，透露了这家小店受到特别重视的原因：“柳州螺蛳粉是广西独具特色的食品，为把这一美食推向外界，柳州市制定了进京推广计划，并计划将其打造成为宣传柳州城市形象的名片。”

这家小小的饮食店开业，承载着柳州一项宏伟的城市形象推广计划——“螺蛳粉进京”。

当时柳州媒体这样报道：“在时任柳州市主要领导的倡导下，2010 年柳州制定了‘螺蛳粉进京’推广计划，柳州市美食联盟协会会员和在京经营螺蛳粉的柳州老乡响应号召，联手成立了广西螺师傅餐饮投资有限公司，经过近半年的筹备，克服重重困难，终于在北京市朝阳门外大街打造第一家标准形象店。”[①]

朝阳门外大街的这家螺蛳粉店开业，标志着“螺蛳粉进京”推广计划有了实质性的进展，也标志着柳州开始有了将柳州螺蛳粉打造成城市名片的顶层设计并开始正式实施。可以说，从那时候起，柳州螺蛳粉就已经承载着柳州人打造柳州“有味道的城市名片”、推动柳州城市形象“出圈”的梦想。

① 张乘焕．做大螺蛳粉　宣传好柳州［N］．柳州日报，2011-03-03（1）．

▲ 百里柳江穿城而过，宛若百里画廊，青山碧水蓝天，刷新了人们对这座工业城市的认知

在 10 多年前，为何就如此重视柳州螺蛳粉这“一碗粉”？这还得从柳州当时的处境说起。

拥有两千多年建城史的柳州，是我国西南工业重镇、广西第一大工业城市。2009 年柳州年产汽车总量突破 100 万辆，成为继北京、上海、长春之后国内第四个年产汽车突破 100 万辆的城市。另外，柳州还拥有柳工、柳钢、上汽通用五菱等知名工业企业，以及风行、两面针、金嗓子等著名品牌。

柳州不仅有雄厚的工业基础，还拥有丰富的旅游资源。柳州有着奇山秀水，风光旖旎，唐代大文豪柳宗元笔下“江流曲似九回肠”的柳江宛如一条玉带从柳州市中心绕城而过，使得柳州市区既有河南河北，也有河东河西，让柳州具备了独特的城市风貌。喀斯特地貌让柳州市区奇峰耸立，站在城市南面海拔 270 米的马鞍山上俯瞰柳州，柳江用一个大写的“U”形将柳州城区分割开来，一眼望去犹如一个大盆景。另外，有着 8 个世居民族的柳州，壮歌、瑶舞、苗节、侗楼……民族风情浓郁。

与此同时，由于工业经济的光芒耀眼，又与拥有“山水甲天下”金字招牌的桂林相距不到 200 公里，柳州的城市风光、民族风情等旅游优势难以凸显。不仅如此，柳州还是一座“被误读的城市”——人们对传统工业城市的固有印象是污染严重，生态环境差，不宜居。为此，当时柳州甚至提出开展“精彩柳州，真实柳州”宣传工程，以期让人们了解真实的柳州。同时提出以提高城市核心竞争力，提升城市知名度、美誉度，突出城市鲜明特征为目标，深入挖掘城市文化内涵，引入现代营销理念，开展柳州城市形象推广营销专业性研究，确定城市形象标志，提炼城市品牌核心价值，提出城市品牌主题口号。

因此，柳州在 2008 年提出要全面实施“二次创业”，努力实现“经济升级、城市转型”，提出打造“四个名城”（工业名城、历史名城、文化名城、旅游名城），其中之一就是要打造“旅游名城”。2010 年 12 月，中共柳州市委十届十四次全会提出，要加大宣传促销力度，积极开拓客源市场，吸引更多的国内外游客到柳州旅游，拉动消费，积聚人气。

要打造“旅游名城”，就需要打造城市名片，而柳州一直缺少一张响亮的城市名片。从 2008 年开始，柳州引进了 F1 摩托艇世界锦标赛、水上摩托世界锦标赛等世界级水上赛事，着力打造“水上娱乐运动之都”，借此推介柳江良好的水资源环境。不仅如此，柳州还斥资在中央电视台做广告，打出“柳州山清水秀地干净”的广告语。

在努力推介城市的同时，柳州人意识到，打造城市名片还有一个值得一试的公式，就是“城市 + 美食”，如重庆小面、武汉热干面等。于是，柳州决定从打造和推广本地美食入手，用特色风味美食打造一张闪亮的城市名片。直到今天，这一公式仍然适用，如 2023 年、2024 年火爆“出圈”的淄博烧烤、天水麻辣烫。

经过筛选，当时名不见经传的柳州螺蛳粉进入了决策层的视野，要把柳州螺蛳粉打造成为特色美食品牌，进而成为柳州的美食名片。

但是，要打造美食名片，仅仅在本地推广是不够的，毕竟螺蛳粉门店影响面非常有限，要“出圈”必须“走出去”。2014 年，柳州发布了《柳州市人民政府关于加快住宿餐饮业发展的意见》，提出“依托‘螺蛳粉进京’项目，鼓励本土餐饮企业向外扩张发展”。实施“螺蛳粉进京”项目，就是以螺蛳粉进入北京为起点，向全国推广柳州螺蛳粉。在此基础上，柳州还进一步提出了实施“百城千店”工程，通过鼓励餐饮企业到北上广等大城市开设柳州螺蛳粉门店的方式，加快连锁经营和产业布局，向全国推广柳州螺蛳粉，并通过店面展示柳州城市形象，符合相关标准的门店柳州市政府给予每家店 10 万元补助。

二、“螺蛳粉进京”，打造美食名片的努力

“螺师傅柳州螺蛳粉”北京店的负责人，是时任柳州市美食联盟协会副会长、在网络上被称“望江寨伟哥”的美食达人陈伟。出生在“美食世家”的陈伟，20 世纪八九十年代就经常在母亲位于柳州市鹅山路的米粉店里帮工，耳濡目染学得了一手做螺蛳粉的好手艺。1998 年开始摆摊卖螺蛳粉，2003 年将柳州螺蛳粉和螺蛳粉火锅引入餐馆。

“门店虽多，可形不成规模；食者虽众，可出不了柳州。”陈伟这样概括 10 多年前的柳州螺蛳粉的产业状况。

得知政府部门实施“螺蛳粉进京”项目，陈伟在北京进行了两个多月的考察。当时北京也有多家螺蛳粉店，有的是外地人开的，有的是柳州人开的，口味不一。他认为在北京开一家正宗的柳州螺蛳粉店是有市场的。

于是，陈伟联络了 10 位美食界的好友，决定创办“螺师傅柳州螺蛳粉”

品牌，门店首先在北京开设。

而真正要在北京开店，难度却是始料未及的。就拿找食材来说就颇费周折，要买配菜鸭脚，走遍北京的市场，都只有不带皮的鸭脚卖，而配螺蛳粉的鸭脚是带皮的；去买葱花，葱花的样子长得一样，却没有柳州本土葱花的清香味；北京市场上的酸豆角是咸的、绵软的，而做柳州螺蛳粉配料的酸豆角是酸甜脆口的；买熬螺蛳汤的石螺，也是走了七八个市场才找到。而主料干米粉以及特色配料酸笋，只能从柳州包装好发货，通过火车、汽车运到北京。“由于酸笋味道比较重，很多运输车都不愿装货。”陈伟说。

为了给北京的食客带去原汁原味的柳州螺蛳粉，陈伟从柳州带去了 6 个师傅，经过反复调试，店里做出的螺蛳粉味道已经和柳州街头的味道没有差别。

历时 3 个多月的选址、装修、筹备，“螺师傅柳州螺蛳粉”北京店终于开业了，这个面积达 230 平方米的螺蛳粉店，陈伟宣称是“当时中国最大的螺蛳粉店”。

作为网络达人的陈伟，运用刚刚兴起不久的微博做宣传，很快引起了在北京生活工作的柳州人的关注。“那时候每到周末，就是‘柳州人的节日’，很多人坐一两个小时的地铁来，就为了能吃上一碗正宗的柳州螺蛳粉。”陈伟说，面对这样的场景，他感觉自己的付出是值得的。

刚开始开店，经常接到周边居民投诉，因为酸笋的独特气味太浓烈了。不过周边居民闻久了这种味道之后，发现这特别的味道也是可以接受的，并且慢慢开始尝试来吃一碗螺蛳粉，投诉者也变成了螺蛳粉爱好者。

为了通过店面更广泛地宣传柳州，每次去北京，陈伟都会带上《柳州日报》等本地报纸放在店里，让来店里的食客能看到柳州的新闻，在吃螺蛳粉的过程中进一步了解柳州。

最高峰时期，“螺师傅柳州螺蛳粉”品牌拥有北京东坝店、广州黄埔店等 23 家连锁加盟店。

尽管陈伟等人用心经营着，“螺师傅柳州螺蛳粉”北京店最终还是在2016年关张了。回头分析原因，陈伟认为根本原因是选址出了问题，当时朝阳门外大街，白天年轻人上班，中午来吃螺蛳粉的人比较多，而一到晚上人就很少了，单靠中午的营收支撑不了门店的运营。另外，一年上百万的门面租金，加之当时原材料运输物流成本高、消费者对螺蛳粉的接受程度还较低等因素，导致柳州“螺蛳粉进京”项目的第一家店只撑了不到5年时间，陈伟和他的合伙人总计亏损约600万元。

尽管通过开设实体门店的方式推广柳州螺蛳粉非常艰难，但也取得了一些成效。据柳州商务部门当时发布的数据，在袋装柳州螺蛳粉出现之初的2015年，全国的柳州螺蛳粉门店已接近5000家，形成了一定的规模。

三、“天下第一大锅”，把螺蛳粉推向世界

“螺师傅柳州螺蛳粉”北京店虽然最终走向了关张，但在经营的5年时间里，吸引了众多名人来吃螺蛳粉，培育了受众群体。例如柳州籍篮球运动员朱芳雨就带着国家男篮队员去了多次，还有陈晓卿团队来到店里品尝螺蛳粉后，直接促成了螺蛳粉登上央视节目《舌尖上的中国》。

在品尝螺蛳粉后，《舌尖上的中国》摄制组对螺蛳粉里的酸笋产生了浓厚的兴趣，陈伟多次给摄制组发相关资料进行介绍，并带着央视摄制组到柳州市柳城县拍摄酸笋的制作过程，还在“螺师傅柳州螺蛳粉”柳州西江路店向摄制组推介螺蛳粉制作工艺。

2012年5月，柳州螺蛳粉在中央电视台美食纪录片《舌尖上的中国》第一季亮相，这一档美食节目引发了观众的强烈反响。在第一集《自然的馈赠》中就介绍了柳州一道名菜“酸笋小黄鱼”，详细展示了这道菜的制作过程，特别是柳城县的大头甜笋的腌制过程。在这一集中，出现不到5秒钟有关柳州螺蛳粉的镜头，介绍称“在柳州当地有一种叫螺蛳粉的小吃中，酸笋是最重

要的辅料”。其中，节目中煮柳州螺蛳粉的镜头，就是在“螺师傅柳州螺蛳粉”柳州西江路店里拍摄的。

“当时螺蛳粉还不出名，也没引起央视记者太多的重视，能上这一档知名节目也是属于夹带进去的。”陈伟说。

虽然只是短短不到5秒钟的镜头，柳州市相关部门以及陈伟等柳州美食联盟的企业家们，还是敏锐地感觉到这是一次做大做强柳州螺蛳粉宣传的机会。借助《舌尖上的中国》这档节目在全国爆火的契机，柳州也随即开展了声势浩大的宣传，承接爆款节目带来的流量。也是从那时候起，柳州开始有意识地策划具有话题性的活动，以吸引公众眼球，大力推广柳州螺蛳粉。

2012年9月29日，也就是在柳州螺蛳粉亮相央视《舌尖上的中国》4个月后，在柳州国际会展中心前广场，架起了一口直径达15米的“天下第一大锅”，煮着螺蛳粉供大家品尝。11家柳州螺蛳粉商家，在这个锅里总共投放了螺蛳500千克、筒骨100千克、猪脚1000个、鸭脚2000多只、鸡300只、卤蛋1000个、辣椒油75千克、干辣椒25千克、指天椒10千克，以及其他天然香料好几千克，精心熬制了独特汤料做螺蛳粉。

活动中，柳州市四家班子领导在活动中和市民一起品尝螺蛳粉。时任柳州市委书记还在现场动情地说：“要感恩柳州首位发明了螺蛳粉的伟大美食家，感恩柳州老百姓辛苦种养出了这些动植物原料，还将辣味、酸味等调制在一起，成为一种综合的美味，越吃越美、越吃越想吃。”时任柳州市市长表示：“希望大家多尝点柳州螺蛳粉，通过螺蛳粉把柳州的美食文化宣传出去，记住柳州，宣传柳州，热爱柳州。”①

柳州举办的第一届“螺蛳粉美食节”的“万人同品螺蛳粉”活动，上万

① 罗秋振.我市举行美食节市民享受美食盛宴1.5万人同吃免费螺蛳粉[N].柳州日报，2012-09-30(1).

▲ 2012 年 9 月 29 日，在柳州市柳东新区国际会展中心广场上，直径为 15 米的大锅前围满了螺蛳粉食客

名市民和游客同时免费品尝柳州传统美食螺蛳粉。

这一活动创造了新的“最多人品尝螺蛳粉”的纪录。极具画面感的场景被新华社等各大媒体报道，提高了螺蛳粉的影响力。至今，市民在“大锅”前品尝螺蛳粉的影像，仍出现在各种宣传中。

报道

广西柳州：15 米大锅煮出万份“螺蛳粉”

一口直径达 15 米的大锅、盛满重达 11 吨的汤水，煮出万碗螺蛳粉供万人同品这一壮观场景，在 2012 年中国柳州国际水上狂欢节“万人同品螺蛳粉”活动中真实出现。

螺蛳粉是广西柳州最出名也最受大众欢迎的小吃，是米粉配上螺蛳肉的一种风味食品，配料除螺蛳外，还有猪脚、鸭脚、酸笋等，具有酸、辣、鲜、烫的独特风味，味道元素丰富。为宣传推介这一名小吃，当地举办“万人同品螺蛳粉”活动。

柳州市商务委主任介绍，“天下第一锅”由 60 张 3 米长、1.22 米宽的不锈钢板，以及近 10 吨角钢焊接而成，锅内有 500 公斤螺蛳、1000 个猪脚、300 只鸡等配料，粉汤重达 11 吨。

记者在现场看到，当地 10 多家知名螺蛳粉店的厨师围在大锅旁煮米粉，送给现场万名市民品尝。

柳州市民梁艳华和女儿女婿一家早早来到现场，参加“万人同品螺蛳粉”活动。她说：“螺蛳粉我经常吃，但这是最有味道的一次，这么大的锅煮出万碗螺蛳粉大家一起吃，感觉很有味道、很欢乐、很有趣。”

（作者李斌，新华社通稿 2012 年 9 月 29 日播发，有删改）

在以后的“螺蛳粉美食节”活动中，陈伟和柳州美食联盟还推出了“螺蛳粉月饼”“广西工匠现场制作千米螺蛳粉”等策划，屡次登上网络热搜，为螺蛳粉宣传造势。借助柳州螺蛳粉“粉丝”增加、名气提升，柳州也越来越多地被外界知晓。

例如 2017 年 10 月 1 日至 7 日，柳州水上狂欢节举办期间，正值中秋佳节，柳州市锦桂楼饼家制作的60斤重螺蛳粉大月饼亮相柳州螺蛳粉美食节，引起民众围观并排长队争相品尝。该月饼将螺蛳粉与传统广式月饼结合，把米粉、酸笋、木耳、螺蛳肉等材料组成的螺蛳粉馅料装进月饼“肚子”里，切开后免费给民众尝鲜。

这一独具画面感和嗅觉想象的场景，迅速登上了微博热搜榜。之后每年中秋节前后，都有“螺蛳粉月饼”出炉，总会登上微博热搜榜，吸引一波流量。不仅如此，此后“螺蛳粉汤圆”“螺蛳粉蛋糕”“螺蛳粉辣条”等相似创意，也纷纷通过热搜与受众见面，不时产生的热点话题让螺蛳粉在舆论场保持了高热度，也让柳州这座城市更加闻名。

“这个时期，微博、微信等社交媒体正在快速兴起，互联网放大了柳州螺蛳粉的知名度，电商则拓展了流通渠道。”陈伟说。

10多年前，以宣传柳州、打造城市名片为出发点的柳州螺蛳粉推广活动，为今天柳州螺蛳粉火爆网络、柳州成为“网红城市”埋下了伏笔。

从实施“螺蛳粉进京”项目到如今柳州借助螺蛳粉火“出圈”，已经过了10多年时间，正可谓“十年磨一剑”。

·第二章·

破局：袋装螺蛳粉诞生

实施“螺蛳粉进京”项目，是柳州人努力打造美食名片、追求城市形象“出圈”的一个生动注脚。

而近30年来，从民间到官方，从名不见经传到在“网红美食”道路上一骑绝尘，柳州人从不同角度推进螺蛳粉的创新创造，奋力推广着柳州螺蛳粉，其中的一条主线就是研发袋装柳州螺蛳粉。

柳州人研发袋装螺蛳粉的努力和探索，有据可查的就可以追溯到20世纪90年代中期。在这座工业城市里，那时候就有一批具有工业思维的先行者，已经开始尝试研发袋装柳州螺蛳粉，并为之付出了艰苦的努力，为今天袋装柳州螺蛳粉火爆网络、行销世界埋下了伏笔。

一、吃螃蟹的人，20多年前的努力探索

“粉好吃带不走”，这是长久困扰螺蛳粉产业化发展的难题。

柳州人在血脉里与生俱来就流淌着工业基因、创新思维。从很早开始，柳州人就在思考：如何让这碗粉能够像方便面那样，从“现煮堂食”变成“袋装速食”，从而将原汁原味的柳州风味通过邮寄方式销售给外地的食客?

查阅新华社多媒体数据库可以发现，1996年12月23日，新华社曾播发《柳州市万德食品厂开发出即食螺蛳粉》的消息，报道柳州人探索研发袋装螺蛳粉的成果。同时期，家柳螺蛳粉厂、柳柳螺蛳粉厂、方便食品厂、食品总厂等多家企业也在研发袋装

螺蛳粉。

“当时用的是细粉丝来做螺蛳粉，模仿方便面。但是还原度较低，同时快递业还未兴起，加之很多人接受不了酸笋的味道，销量很小。”广西家柳食品科技有限公司负责人谭雪昌说，由于当时技术尚未成熟，产品没有形成销售规模，“那可以算是袋装柳州螺蛳粉的‘1.0 版’”。

“家柳”商标于 1997 年 8 月 21 日注册生效。谭雪昌介绍说，家柳螺蛳粉的前身是谢氏螺蛳粉厂，是一对夫妇创建的。2008 年，那对夫妇将自己的螺蛳粉厂传给她，2011 年她将企业名称改为柳州市谢氏螺蛳粉食品有限公司。为了做大做强，后又升级为广西家柳食品科技有限公司。

据谭雪昌介绍，这对夫妇原先是跑长途车的，由于跑长途经常没有办法准点吃饭，方便面就成为他们的必备餐食。方便面吃多后厌烦了，他们便想念柳州螺蛳粉的味道。他们想，要是能够将柳州螺蛳粉带到车上，需要吃时像方便面那样易泡易煮就好了。柳州螺蛳粉还是非油炸品，不容易上火。于是，他们开始利用开车跑长途的业余时间学习螺蛳粉制作工艺。1996 年，夫妻俩在柳州市北雀路的一个菜市场里租下 100 多平方米的民房，放弃了长途运输业务，专职做起了可冲泡、可携带的方便螺蛳粉，成立了柳州市谢氏螺蛳粉厂，并注册了商标。

当时，生产的袋装柳州螺蛳粉非常简易，为了冲泡方便，采用了较细的米粉，且在还原螺蛳粉原味方面有很多不足。搭配 3 袋简单料包：一包酸笋、一包辣油，还有一个以盐和葱花为主的调料包。操作全靠手工，效率较低，一天最多只能生产 1000 多包。特别是酸笋，装入袋子以后，还要靠工人往袋里加一勺酸水再封口，以防酸笋变质。尽管如此，在那个方便面一统天下的年代，还是满足了部分消费者的需求。

2000 年 1 月 21 日，《广西商报》曾刊发报道《柳州螺蛳粉何日再雄起》，介绍了1996年前后一批食品厂纷纷投产螺蛳粉的情况，文章写道，1996年“柳州市民对此产品十分热情，产销平稳，有的厂家还出现供不应求的火爆局面，市场容量已近百万元，区内市场均有批发，占面食批发量的 10% 左右”。但随后螺蛳粉企业纷纷退却，“1997 年，随着米价浮动、市场局限，加上上阵匆忙，在技术设备上均欠一筹，使产品普遍存在辣味不纯、粉泡不软、配料简单、螺蛳香味淡等缺陷，在市场上日益疲软”，1998 年，方便食品厂放弃。文章在最后发问：“柳州螺蛳粉‘胎死腹中’是否给柳州一个启示：这极富商机的特产项目又是否满足于一些小打小闹的开发生产，而忽略其规模宏大的潜在市场呢？”①

这篇文章的作者、资深媒体人谢门光，在写这篇文章 20 年后也进入了方兴未艾的柳州螺蛳粉产业，先做起了策划人，后面又开起了螺蛳粉培训学校，在螺蛳粉这个“规模宏大的潜在市场”中生意蒸蒸日上。

“2008 年我接手时，柳州已经从原来的好几个袋装螺蛳粉品牌变成只剩‘家柳’一个品牌了，当时是有喜有忧。”谭雪昌说，喜的是经过最初几个品牌的混战，人们对袋装螺蛳粉有了初步的认识；忧的是其他品牌倒下后，“家柳”成为孤独的奋斗者，不容易形成市场合力。当时接手了一段时间，就发现困难重重：首先就是产能问题，老工厂几乎没有设备，全依赖手工；旺季产能严重不足，食品安全也存在很大隐患。于是谭雪昌实地走访了某知名方便面企业，并到汕头、温州等多地进行考察，想购买专业制作螺蛳粉的设备，但由于袋装螺蛳粉只有一家在做，设备厂没有开发这种类型的设备。生产迫在眉睫，既然没有现成的设备，那就买方便面的设备进行调整再改良，经过多次试验，工厂终于实现了半自动化生产。

让全国人民吃上原汁原味柳州螺蛳粉的探索，并没有因困难而停滞。

2012 年，在北京经营着“螺师傅柳州螺蛳粉”店的陈伟注意到，每逢周末，不少食客坐一两个小时地铁到店里来吃粉，他一方面是欣喜，另一方面也陷入了思考：能不能像方便面那样，将原汁原味的螺蛳粉带给顾客？于是，

① 谢门光．柳州螺蛳粉何日再雄起［N］．广西商报，2000-01-21（3）．

他按照桶装方便面的做法，以干粉丝作为主料，配以酸笋、腐竹、花生料包，加上用螺蛳打成粉末状的螺蛳汤料包做成袋装螺蛳粉。

在2012年9月底举办的“万人同品螺蛳粉”活动中，陈伟的这款螺蛳粉以每桶2.5元的价格售卖，当时就引发了不少人的关注。但是，终究因为桶装的螺蛳粉与实体店的螺蛳粉味道相差甚远，因此少人问津、销量平平。

陈伟也曾想到将店里的螺蛳粉的粉、汤、配料分装，通过快递的方式对外售卖。刚开始也吸引了不少顾客，但由于保质期不长，难以形成广泛的市场。后来，由于他在包装袋上贴了自己的品牌，却又无预包装食品生产资质，违反了相关法规，经人举报后被认定为“地下工厂”受到有关部门的处罚。自此，陈伟无奈地放弃了自己这一轮的探索。

这些探索之路上的产品，姑且可以称为袋装柳州螺蛳粉的“1.0版”。虽然前行者遭遇了各种挫折，但正因为有这些“敢于吃螃蟹”的人，才有了后来袋装柳州螺蛳粉的春天。他们的实践也给后来者许多启示：单纯的模仿、照搬方便面的做法，可能一开始方向就是错的。袋装柳州螺蛳粉，必须走柳州人自己的路！

二、实现突破，第一家袋装螺蛳粉企业诞生

2012年5月，柳州螺蛳粉亮相央视美食纪录片《舌尖上的中国》，再次燃起了人们研发袋装螺蛳粉的热情。

那时，25岁的严振华从警校毕业后与人合伙在柳州火车站附近经营一家广西土特产超市，向游客售卖广西特产。但在当时，有特色的土特产很少，顾客购买欲望不高，生意一直没有起色。他看到五湖四海的人来到柳州，都在赞叹螺蛳粉好吃，但遗憾的是不能打包带回去。他说，2011年他在桂林机场候机时发现一款碗装桂林米粉，“买了两碗，品尝后发现与堂食的味道很接近。受此启发，我就尝试制作袋装螺蛳粉”。

严振华想到做袋装柳州螺蛳粉也并非偶然。他的母亲早年就在柳州市柳南区的竹鹅村开了一家粉店，严振华从小就在店里帮忙，炸叉烧、做卤水这些手艺他也早就学会了，这样的家庭环境也让他对食品加工有着浓厚的兴趣。

而得知严振华要做螺蛳粉，母亲却首先表示强烈反对。母亲告诉他，做食品行业，起早贪黑，非常辛苦收入却不高，不如干一份正经的工作。而铁了心要做出一番事业的严振华没有听母亲的劝，他告诉母亲，自己要用一种全新的方式来做螺蛳粉。

从 2013 年开始，严振华就开始潜心研究袋装螺蛳粉，没想到很快就在找原材料方面遇到了难题——找不到合适的米粉。当时的螺蛳粉米粉都是用于实体店的，长度有六七十厘米，不便包装做成袋装螺蛳粉。做袋装柳州螺蛳粉的米粉单包用量较少，需要切成 10 多厘米长才能装袋。然而那时候的米粉厂基本都是小作坊，加之严振华对市场前景没有预期，开始的用量很少，米粉厂都不愿意为了这笔小订单而增加设备投入。经过反复给多家米粉厂老板“画饼”，最后终于找到了一家米粉厂愿意接这份业务。

这一创新举措，摆脱了此前用粉丝替代米粉做袋装螺蛳粉导致还原度低的问题，使研发袋装柳州螺蛳粉有了新的方向。

选米粉、熬汤料、做包装……为了尽可能还原螺蛳粉的美味，严振华反复调试调味包的配料。经过反复试验，严振华终于做出了能够还原实体店味道的袋装螺蛳粉。除了干米粉，还有螺肉酱料包、酸笋酸豆角榨菜包、腐竹花生包、红油包一起包装，基本构成了现在袋装螺蛳粉的雏形。唯一不同的是，现在螺蛳粉汤料包一般采用的是浓缩的熬制汤料，而当时严振华采取的是将螺蛳肉打成肉酱装袋，参考的是方便面里牛肉酱包的做法。这一产品一经推出，就受到了食客的喜爱，销量快速增长。

袋装螺蛳粉研发成功后，严振华说服两个同学和一个朋友每人出资 10 万元，在柳南区和平村租下一座 600 平方米的厂房，开始生产袋装螺蛳粉。

但办企业远没有严振华想象中的那么简单。根据柳州螺蛳粉的生产工艺和产品特点，在当时的食品生产许可 28 大类食品分类中，没有一个与之完全对应，更没有相应的产品标准。严振华只能参照最接近的方便面的标准，但如果一开始就按照这个标准，他们完全不能满足要求，仅仅标准中的功能分区这一项要求，现在的厂房面积就达不到。

在一筹莫展之际，严振华找到了相关监管部门。经过风险评估，监管部门决定按照“先规范、再提升”的原则，尽快解决袋装螺蛳粉市场准入问题。同时，相关部门指导严振华在 28 大类食品类别中选择工艺最相近的“方便食品类”的国家标准，参照制定方便螺蛳粉食品安全企业标准。

经过将产品送样到质检机构，反复检验分析相关数据，最终完成螺蛳粉企业标准的制定。同时，严振华的企业按照监管部门指导实施厂房分区改造、健全质量管理制度等。最后经专家组现场核查，2014 年 10 月，原柳州市食品药品监督管理局向严振华的柳州市全汇食品有限责任公司颁发了编号为“0001”首张袋装螺蛳粉生产许可证，这标志着第一家袋装柳州螺蛳粉企业诞生。

取得了生产许可，但严振华在螺蛳粉研发上的探索并没有停止。为解决保质期短的问题，严振华从短板入手，首先解决保质期短的料包。例如腐竹花生料包是油炸后抽真空包装的，而油炸后的腐竹和花生很脆，一抽真空就碎了。起初解决的办法是油炸后再喷些水，然而这一方法虽然能使腐竹花生不容易碎，但因为袋子里有水分，腐竹花生口感较差，也容易起霉变质。严振华又想到薯片的包装方法，在包装袋里充惰性气体，于是耗资 10 多万元购进了相关设备，解决了这个问题。为解决酸笋酸豆角榨菜包在夏天容易引起微生物繁殖、包装“胀气”变质等问题，严振华又耗资 10 多万元引进了巴氏灭菌工艺。

经过不懈努力，袋装柳州螺蛳粉的保质期达到 30 天、90 天，甚至半年，迅速受到了螺蛳粉爱好者的喜爱，打开了销路。严振华和团队成员带着螺蛳粉到全国多地推介，公司开设的淘宝店，仅仅靠自然流量，就取得了不错的销量。

到2020年，重新定位市场后，严振华成立了广西中全食品科技有限公司，其厂房面积扩大到了3000平方米，还有了自己的米粉加工厂，预包装螺蛳粉也将日产能提升到6万袋。

三、百花齐放，柳州螺蛳粉快速成产业

袋装柳州螺蛳粉的诞生，不是“单一起源”，而是“多点起源”。

在严振华研发出袋装柳州螺蛳粉的同时，已在“方便螺蛳粉”领域探索近20年的广西家柳食品科技有限公司也研发出了袋装螺蛳粉。谭雪昌说:“袋装螺蛳粉最初保质期只有1周。经过不断摸索，保质期渐渐提升到半个月、45天、半年，现在已经达到8个月。”

在柳州螺蛳粉生产聚集区一家企业里，工人在生产车间里忙碌

由于摆脱了方便面的思维，袋装螺蛳粉还原度超过 90%，有的消费者甚至认为比实体店的更好吃，由此迅速打开了市场。从那时候起，螺霸王、螺状元、好欢螺等一大批螺蛳粉企业像雨后春笋般纷纷建起来，很快形成了产业规模。

目前，家柳公司的袋装螺蛳粉日产量已达 20 万包。2022 年初，公司在鱼峰区洛维工业园的新厂已破土动工，竣工投产后公司产能将达到年产螺蛳粉 1.5 亿包以及其他预包装食品 3000 万包。

随意点开一家螺蛳粉网店的评论区，都可以看见“正宗”“跟在店里吃的味道一样”“原汁原味”等评语。这与一些预包装食品评论区里“跟店里吃的差太远了”的评价截然相反。

螺蛳粉凭什么可以做到速食与堂食味道几乎完全一样？

广西螺状元食品科技股份有限公司董事长刘清石介绍，袋装柳州螺蛳粉里的粉采用的是柳州当地的干米粉，在螺蛳粉工业化生产之前，这种干米粉就已经作为一款成熟的产品在市面上流通了，干米粉容易保存，酸笋、酸豆角这样的发酵食品还有腐竹、花生等配料也比较容易保存。

在此基础上，为了保持原本味道同时延长保质期，每个螺蛳粉企业都付出过巨大的努力。螺状元在 2015 年与四川大学卢晓黎教授签约合作，组建了一个专门的食品研究中心，研制米粉的最佳湿度。多次实验后，卢晓黎教授团队降低米粉的含水量，成功开发出保质期为 6 个月的米粉。此后又有企业进一步改良，生产出了可冲泡的螺蛳米粉。

一种非遗美食，经过创造性转化、创新性发展，通过“现煮堂食”到“袋装速食”的改革，加之“互联网 + 快递”的推动，成为舌尖上的惊奇。

四、见微知著，树立培育百亿产业大目标

在 2015 年 4 月的一次小型会议上，当时的柳州市商务委员会主任提到全

国的柳州螺蛳粉实体店已超过5000家，加上新近出现的袋装速食螺蛳粉，柳州正在打造螺蛳粉百亿元产业。根据这一信息，新华社播发《广西地方名小吃“柳州螺蛳粉”打造百亿元产业》报道，回顾柳州通过“螺蛳粉进京”“万人同品螺蛳粉”等活动推动螺蛳粉形成产业的过程，并提到“目前每天有近2万袋袋装螺蛳粉通过网店发往全国各地，在互联网时代形成了一个新兴产业”。

刺激人们味蕾的小题材、小切口报道，往往能引发读者共鸣。新华社通稿播发后，得到数十家网站转载，并通过新浪、腾讯微博形成了二次、三次转播效应。特别是“人民日报”“环球时报”等具有影响力的微博账号的转发，使柳州螺蛳粉成了微博热点。仅“人民日报”微博账号转载这一报道的转发量就超过2200次、评论数近2000条、阅读量达260万人次。经过从会议中挖掘的新闻报道助推，柳州螺蛳粉迅速蹿红，促进了市场销售。随后，媒体

▲ 在柳州螺蛳粉产业园的一家螺蛳粉企业，工人在米粉车间里转运米粉

紧紧抓住这一吸引人眼球的“小题材”，不断讲好中国故事。针对美国、加拿大等地也有螺蛳粉门店这一新闻点，新华社还播发了《中国壮乡名小吃“柳州螺蛳粉”形成产业漂洋过海》等中文、英文报道；2015 年 12 月，央视《走遍中国》栏目以《龙城尽飘螺蛳香》为题对柳州螺蛳粉进行报道。这些报道向海外推介了螺蛳粉。

柳州螺蛳粉打造百亿产业的消息发出后，促进了袋装柳州螺蛳粉销售。广西螺霸王食品有限公司董事长姚汉霖说：“这一报道出来后，公司的螺蛳粉销量立即翻了番。”新闻舆论对于这一产业的推动初显效果。

但在当时，其实还有很多人持怀疑态度：这么一种“路边摊”食品，怎么可能做成百亿产业？

这时候，柳州的决策层已经意识到这一新鲜事物将为提升柳州城市知名度以及经济发展带来益处。

2016 年 3 月，在北京参加全国两会的柳州代表向媒体介绍柳州的供给侧改革，一开始就以柳州推动螺蛳粉的供给侧改革小故事开篇：“大家都知道柳州螺蛳粉非常有名，十分美味，由于食材是柳州特有的，过去离开柳州后，就很难吃到正宗的螺蛳粉。去年，柳州根据市场需要，推出了一种快速消费的盒装螺蛳粉，并通过电商卖到了全球。现在各地消费者都能随时随地品尝到正宗的螺蛳粉。”①

其时，国家正着力推进供给侧结构性改革，这也是一个经济热点。而袋装螺蛳粉从无到有，再到网上日销量突破 10 万包，正是供给侧改革推动经济发展的典型样本，新华社记者进一步完善了这一故事。2016 年 3 月 18 日新华社播发通讯《从“路边摊”走进“工业园”——供给侧改革让广西名小吃“柳州螺蛳粉”俏销全球》，这一通讯介绍了柳州螺蛳粉通过推动技术革新，从“现

① 陈新援．柳州美食：带得走的城市味道 特色美食成“名片”[EB/OL]．广西新闻网，(2016-03-14)[2023-11-12].http：//www.gxnews.com.cn/staticpages/20160314/newgx56e608f1-14577468.shtml.

煮堂食”到“袋装速食”实现工业化生产，这一供给侧的改革，加上“互联网 +”的推动，螺蛳粉从以前只能在柳州才能品尝到的地方特色小吃，变身为“可以快递的乡愁”。《新华每日电讯》《中国改革报》《中华工商时报》等数十家纸媒和近百家网络媒体采用了这一报道。

报道

从“路边摊”走进“工业园”
——供给侧改革让广西名小吃“柳州螺蛳粉”俏销全球

随着一年多前袋装速食螺蛳粉问世，柳州螺蛳粉从路边餐饮店走进工业园，实现工业化生产。这一供给侧改革刺激了消费需求，加上“互联网＋”推动，螺蛳粉从以前只能在柳州才能品尝到的地方特色小吃，变身为“可以快递的乡愁”，迅速销全国、卖全球。据统计，去年柳州螺蛳粉仅网上销售额就达 5 亿多元，当前网上日销量在 10 万包以上。

柳州螺蛳粉从“现煮堂食”到“袋装速食”

螺蛳粉是柳州特色小吃，由当地特有的软韧爽口的米粉，佐以酸笋、花生、油炸腐竹、黄花菜、萝卜干、鲜嫩青菜等配料，用浓郁适度的酸辣味螺蛳肉汤调和而成。

“米粉是汉族地区传统食品，而用甜笋制作的酸笋是苗族、侗族等民族地区的传统食品，螺蛳粉将汉族和少数民族饮食文化结合在一起，产生出辣、爽、鲜、酸、烫的美妙味觉记忆，开胃而不上火，让人久久不能忘怀。”柳州市螺蛳粉协会负责人说，螺蛳粉既是本地人的乡愁记忆，也受到越来越多外地人青睐。

2008年，“柳州螺蛳粉手工制作技艺”入选广西壮族自治区非物质文化遗产名录。柳州市商务委员会主任说，自2011年柳州市政府推动的“螺蛳粉进京”项目实施以来，柳州螺蛳粉已从最初的柳州街边小吃，发展到北京、上海、广州等多个城市，目前已有近5000家门店，美国、加拿大等国家也有门店。

但是，门店影响面毕竟有限，现煮堂食难以满足更广大食客对正宗柳州螺蛳粉的需求。食品生产企业开始思考，是否能够把螺蛳粉做成方便面那样实现袋装速食?

这个想法促使当地食品生产企业从螺蛳粉的供给侧进行探索。随着近年来米粉制作工艺、物理杀菌、真空包装等食品生产及包装技术提升，速食袋装螺蛳粉研发取得突破。2014年底，有企业批量生产配以多种调料包的水煮型袋装速食螺蛳粉，不久又研发出冲泡型速食螺蛳粉，保质期从起初的30天提高到60天，有的可以达到180天。

“工业化+互联网”让袋装螺蛳粉俏销全球

“技术突破使袋装速食螺蛳粉快速形成产业，生产厂家从去年初的1家发展到现在的50多家。目前螺蛳粉电商超过1500家，销量在阿里巴巴米粉特产类销售量排名第一。”柳州市螺蛳粉协会负责人说，袋装螺蛳粉问世以来，线上线下销量都在持续高速增长。

走进位于柳州市柳南区河西工业园的广西螺霸王食品有限公司，电商部员工王婷莉正在打印快递面单。她和同事们每天要打印2000多张面单，将2万多包袋装速食螺蛳粉发往全国各地。

“销量一直在快速上升，生产速度赶不上销量增长。”螺霸王食品有限公司总经理姚汉霖说，公司从去年2月开始投产，急剧增长的销量让他始料不及。去年“双十一”期间，网上单日销量达到10万包。

为适应市场需求，公司去年底新建7000多平方米的新厂，购入进口设备扩大产能，眼下产能达到日产4万包。姚汉霖告诉记者，除了在淘宝网和微商销售，线下销量也占公司总销量的近一半。

“现在公司每月有六七万包螺蛳粉通过经销商销往澳大利亚，另外还有加拿大、韩国、新加坡等国经销商来洽谈。在一年以前，我们无论如何也不会想到螺蛳粉还能出口。”柳州市螺状元食品有限公司总经理刘清石说。

刘清石告诉记者，现在公司生产水煮型和冲泡型两大类6款袋装螺蛳粉，日产达到2万包，其中一半通过网络销售，其余通过经销商在超市、特产店销售，“销量每个月都在增长，产品供不应求，我们正努力进行自动化改造，着力解决产能不足问题”。

“工业化＋互联网”使柳州螺蛳粉快速发展成为当地重要的食品产业。据统计，袋装螺蛳粉加工业全产业链带动就业7000多人，螺蛳粉餐饮店带动就业超过5万人。

地方特色小吃着力打造百亿元食品产业

从街边小吃到登堂入室，从“现煮堂食”到包装产品，从地方美食到热销全球，柳州螺蛳粉声名鹊起，成为广西地方美食的标签。

“柳州螺蛳粉企业在供给侧改革中整合工业化生产资源、‘互联网＋’销售渠道等要素，转型升级、提高质量、打造品牌，在短短一年多时间内激发出巨大市场需求，让消费者随时随地都能品尝到正宗的柳州螺蛳粉。”柳州市相关领导说，政府部门因势利导，及时出台促进螺蛳粉产业发展的意见，制定柳州螺蛳粉食品安全地方标准，引导企业做优质量、做强品牌，着力将柳州螺蛳粉打造成为百亿元产业。

自治区卫生计生委日前公告的“柳州螺蛳粉食品安全地方标准”，将于5月1日正式施行。标准共分10个部分55小项，从产品分类、原辅料的技术要求、企业生产加工的过程要求等方面对柳州螺蛳粉做出详细规定。柳州市相关领导介绍，地方标准的实施将使柳州螺蛳粉产品、品牌得到有效保护，将推动螺蛳粉产业向标准化、品牌化、规模化发展。

柳州专门开辟螺蛳粉产业园，为上下游产业链的延伸发展创造更便利条件。位于鱼峰区洛维工业园区的螺蛳粉产业园已有7家企业签约入驻，产业园执行统一的生产标准，整合原料、包装、电商、物流等一条龙产业，预计半年后将形成日产10万包螺蛳粉产能，3年后年产值达到15亿元。

（作者孙志平、李斌，新华社南宁2016年3月18日电，有删改）

除此之外，柳州还积极通过新媒体扩大螺蛳粉的知名度和影响力。2016年，通过“柳州日报”微博账号与淘宝“一千零一夜”联合发起“灵魂美食螺蛳粉”微博直播活动，24小时内获得近5000万人次的访问量；开通淘宝网络视频直播活动，时任柳州市商务委员会主任担当主播，与网民互动，吸引了网络流量；新华社客户端“现场新闻”直播《日销20万袋！柳州螺蛳粉这样成为“网红”》，观看量近百万。

在袋装柳州螺蛳粉诞生后不久，柳州就明确了“标准化、规模化、品牌化、规范化”的发展方向，大力实施“六个一工程”（即编制一个规划、讲好一个故事、严格一个标准、建设一批产业集聚区、培育一批龙头企业和知名品牌、设立一个柳州螺蛳粉检测中心），先后出台了促进螺蛳粉产业发展等系列配套文件，在资金投入、税费减免、基地建设、创新研发、品牌扶持等方面给予政策支持，全方位扶持柳州螺蛳粉产业迅速发展壮大，并保障消费者“舌尖上的安全”。

1. 建标准

2015年6月，柳州成立柳州螺蛳粉食品安全地方标准编制领导小组，组织起草《食品安全地方标准　柳州螺蛳粉》，规定袋装螺蛳粉的用料、包装、产品理化指标、微生物指标等。次年5月，这一标准正式施行。

2018 年 2 月，柳州螺蛳粉检验检测中心挂牌成立。

近几年，《柳州螺蛳粉汤（配）料包生产规范》《柳州螺蛳粉生产消毒杀菌规范》《田螺稻田生态养殖技术规范》等标准陆续出台，标准化理念已贯穿螺蛳粉制作生产全产业链。

2022 年 4 月，柳州市发布《柳州螺蛳粉辣椒油配料包制作工艺规范》等 35 项柳州市地方标准。标准化推进，保证了产品原汁原味的“柳州味道”。

2022 年 11 月，全国首部米粉类产业发展法规《柳州市柳州螺蛳粉产业发展条例》正式施行，开启法治护航“小米粉”高质量发展新征程。

2. 育品牌

从 2016 年以来，柳州市全国人大代表、政协委员多次在全国两会上当起“推销员”，助力打响柳州螺蛳粉品牌。柳州市商务局局长等相关部门负责人也多次参与直播带货等活动，为螺蛳粉代言。

2017 年，柳州市举办了首届螺蛳粉品牌评比活动，政府拿出 650 万元奖励 6 家获奖企业，其中特等奖奖金 300 万元。该次评比活动共有 24 家企业报名参评，18 家企业经过初评入围大赛。本次评比表彰的奖金，主要用于企业扩大生产、设备采购、技术改造研发等。柳州此举旨在助推柳州袋装螺蛳粉实现产业化、规模化、标准化和品牌化发展，做大做强百亿元产业，形成经得起市场考验的拳头品牌。

2018 年，柳州市获得“柳州螺蛳粉”国家地理标志证明商标，从而实现“柳州螺蛳粉只能柳州造”。时年 8 月，首批 22 家预包装螺蛳粉生产企业获得授权使用该证明商标。

通过开展商标国际注册，柳州螺蛳粉在 40 多个国家和地区获得保护。

3. 扩规模

紧紧围绕螺蛳粉生产制作这个核心，通过贯通种养、产供销各个环节，推动多产业融合发展，形成“1+1>2”的规模化效应，创造了 30 多万个就业岗位，成功把特色产业打造成柳州保障就业、提高就业，实现农村、城镇富余劳动力转移就业的重要手段，打造成惠及民生的幸福产业。

为扶持螺蛳粉企业发展，从 2019 年 8 月起，柳州对螺蛳粉制造行业农产品增值税进项税额实行核定扣除，2021 年累计核定扣除进项税 4209.51 万元；连续 3 年给予螺蛳粉企业标准厂房补贴共计 2157.17 万元。

而今，柳州螺蛳粉产业发展的速度，远远超出了很多人的预期。

2020 年，在袋装柳州螺蛳粉诞生仅仅 6 年之后，产值就突破 100 亿元，创造了让人“惊奇”的成绩。

2023 年，柳州螺蛳粉全产业链销售收入 669.9 亿元。其中，袋装螺蛳粉销售收入 174.3 亿元，带动本地 30 多万人就业，全国螺蛳粉实体店已超过 3.3 万家。“柳州螺蛳粉”品牌价值 110.22 亿元，排名中国品牌价值区域品牌（地理标志）第 29 位，跻身“2023 中国地理标志农产品区域公用品牌”第 8 位。

·第三章·

传承：柳州螺蛳粉“申遗”

把米粉和螺蛳汤结合起来制作螺蛳粉，是柳州民间的一大创造。

柳州螺蛳粉究竟是如何起源的？谁是它的发明人，到今天已着实难以考证。而在柳州这片神奇的土地上，被证实距今2万多年前就有古人类在这里“嗍螺”，并且更令人惊奇的是，古人“嗍螺”的方式也与现在的柳州人并无二致。

普遍的说法是，在20世纪70年代末至80年代初的柳州夜宵摊，由于一个美丽的巧合让米粉与螺蛳汤偶遇，瞬间迸发出的美味深受柳州人的喜爱，因此形成的柳州螺蛳粉迅速风靡一时，螺蛳粉门店逐步遍布柳州的大街小巷，柳州螺蛳粉成了备受本地市民喜爱的地方美食。其诞生短短40多年时间，就成功入选国家级非物质文化遗产代表性项目名录，更是让人称奇。

一、螺蛳粉起源的三种传说

一碗螺蛳粉，飘香地球村。

螺蛳粉的主料是干切米粉，辅以酸笋、黑木耳、腐竹、花生等传统配菜，加入猪筒骨熬制的螺蛳酸辣汤水调和而成。此外，商家会另外配有卤猪脚、酿豆腐泡、卤鸭脚、卤蛋等风味小吃供顾客自由选择。

行走在柳州的大街小巷，总能看到形形色色的螺蛳粉店，酸辣鲜香的粉里煮进了浓浓的烟火气，不仅让柳州人欲罢不能，还吸引八方来客慕名前来品尝，螺蛳粉成了柳州独具特色的城市名片。

追根溯源，柳州螺蛳粉是谁发明的？又是如何出现在柳州的？不少食客都有这样的疑问。

关于这个问题，一直以来众说纷纭，没有一个确切的答案。在柳州螺蛳粉饮食文化博物馆的展厅里，记录了流传最广的三种传说：一是无巧不成书，二是王记有阿婆，三是谷埠有夜市。

（一）一说：无巧不成书

相传在20世纪80年代的某天晚上，有几位饥肠辘辘的游客来到一家已经打烊的米粉店，但是店里用来煮米粉的骨头汤已经用完了，只有一大锅白天煮螺蛳剩下的螺蛳汤，无奈之下老板就把米粉直接倒到螺蛳汤里面煮，再

▲ 游客在柳州螺蛳粉饮食文化博物馆里参观

放些青菜、花生、腐竹等配菜，这几位游客大赞好吃。店老板对此印象深刻，往后就开始改进配方和制作工艺，慢慢地，螺蛳粉的原型就诞生了。

有着浓重“螺蛳情结”和“米粉情结”的柳州人，不经意间创造出一个闻名遐迩的柳州原创第一美食——柳州螺蛳粉。

（二）二说：王记有阿婆

相传在20世纪80年代中期，柳州市解放路南路有一家专卖干切粉的杂货店。该店的店员经常需要在早上进行学习，但是学习完之后时间已经超过了九点钟，为了吃上早餐，店员们把自家的干切粉拿到隔壁阿婆的螺蛳摊煮来吃。相传这位阿婆的螺蛳摊位于现在的解放南路金鱼巷内。煮完之后店员们觉得好吃，于是便拿着各种青菜烫着煮。卖螺蛳的阿婆觉得这个味道非常不错，于是干脆就卖起了“螺蛳粉”，之后经过当地经营者多年的改进，正宗的柳州螺蛳粉便慢慢初具雏形。最后，经典美食螺蛳粉便形成了柳州的一道美丽的风景线，柳州市民为螺蛳粉而疯狂。

（三）三说：谷埠有夜市

在20世纪70年代末80年代初，改革开放让柳州的民间商业贸易慢慢复苏，柳州市牛奶巷附近即现在的谷埠街菜市逐渐成为柳州最大的螺蛳批发市场。当时柳州工人电影院非常火爆，在这些电影观众的强势带动之下，谷埠街的夜市便慢慢地形成。

柳州人爱吃米粉而且也非常爱吃螺蛳，于是一些精明的夜市店主便想到一个绝妙的办法——把螺蛳和米粉一起煮。当时菜式不丰富，所食用的粉并没多少油水，散场后从工人电影院出来的顾客们腹中空空，在不经意间就要求店老板往粉里面多加些油水和螺蛳汤。于是，柳州螺蛳粉的原型就慢慢形成了。针对不同顾客的要求，夜市店主不断改进加工工艺，完善配方，柳州螺蛳粉终于成形。顾客一吃这美味便口口相传，一发不可收拾，带动了螺蛳粉进入市场。螺蛳粉作为柳州原创美食逐步成为柳州甚至广西的地标性食品。

▲ 柳州市实体店刚出锅的螺蛳粉

二、第一张工商营业执照

前述关于柳州螺蛳粉的起源毕竟只是传说，有不少猜想或杜撰的地方，实际情况如何已经难以考证。

2020 年，柳南区在打造“柳州螺蛳粉小镇”的过程中，积极挖掘螺蛳粉的历史，征集到 1988 年 6 月 20 日由当时柳州市工商行政管理局颁发的“个体工商业营业执照”。这张营业执照显示，一个叫“邱云芳”的个体工商户，在谷埠市场荣昌酒家门前开办了一个饮食摊，主营螺蛳粉，兼营粥品。这被认定为现存最早的螺蛳粉个体工商业营业执照。

位于柳江之南的谷埠街，是柳州人气商气聚集的重要场所，曾是市内螺蛳批发的最大集散地。在谷埠街住了一辈子的居民林超贤说，很早以前，柳州人就有嗍田螺的爱好，加上柳州市内的近郊水塘水坑遍地，螺蛳是当时柳州人最容易获得的食物。在柳南区谷埠街东一巷和东二巷之间，有一个很大的水塘就是过去著名的螺蛳塘，螺蛳塘泥沼肥沃，盛产螺蛳，很多居民都去那里捕捞螺蛳煮食或售卖补贴家用。[①]

网上有一段拍摄于20世纪80年代的黑白电视画面，显示在一家路边摊前，市民在吃螺蛳粉，小摊摆放的酸笋、酸豆角、木耳等配料，与今天柳州螺蛳粉的主要配料并无二致。老一辈的柳州人表示，柳州螺蛳粉诞生之初最普遍的形态，就是这样的路边摊。

柳州螺蛳粉是柳州人民共同创造的一种饮食文化，承载了几代柳州人对美食的孜孜以求，折射了柳州人敢为人先、创新创造的精神。

三、入选国家级非遗名录

每一种美食的背后，都反映了不同地区的饮食文化。柳州螺蛳粉的背后，也有其独特的地方文化。柳州早早就想到，要借助挖掘地方文化的力量推动美食名片的形成。

早在2008年初，柳州市城中区文体局联合爱民螺蛳粉店就“柳州螺蛳粉手工制作技艺”背后的地方饮食文化，申报广西壮族自治区的非物质文化遗产。当时的申报材料中这么写道：“柳州的螺蛳粉闻名遐迩，可谓独具特色，是柳州的招牌饮食。螺蛳粉有酸、辣、爽、烫、鲜的独特风味，位居柳州风味小吃之首。它由柳州特有的软滑爽的米粉做原料，加上酸笋、木耳、花生、油炸腐竹、黄花菜、鲜嫩青菜等配菜及浓郁适度的煮焖螺蛳的酸辣味汤水调和而成，吃后常使人大汗淋漓，但又因有奇特鲜美的螺蛳汤，会使人欲罢不

① 张婷婷.“螺蛳＋米粉”从谷埠街飘出独特“烟火气”：探寻柳州螺蛳粉起源系列报道之一［N］.柳州日报，2020-10-12（1）.

能，尝后回味无穷。柳州螺蛳粉具有独特的手工技艺、鲜明的地域特征、广泛的群众基础等。”“将螺蛳、米粉两大柳州美食巧妙结合、合二为一的柳州螺蛳粉，其历史渊源目前尚难考证。至 20 世纪 70 年代末，是柳州螺蛳粉的鼎盛时期，其盛行于市，被摆上粉摊，成为商品。柳州螺蛳粉的手工制作技艺，是在螺蛳和米粉的传统制作技艺基础上发展而来并形成品牌的，就其手工制作技艺来说，也应该有相当长的历史了。”

经过积极申报，“柳州螺蛳粉手工制作技艺”于 2008 年入选广西壮族自治区第二批非物质文化遗产名录。也正是在这一时期，螺蛳粉开始进入柳州饭店等星级宾馆，让柳州螺蛳粉开始有了城市名片的雏形，柳州饭店螺蛳粉至今仍受到很多人的追捧。同时，“柳州螺蛳粉手工制作技艺”进入自治区级非遗名录，也为后来柳州提出实施“螺蛳粉进京”打下了基础。

2019 年 3 月，“韩国网友号召为螺蛳粉申遗”的话题短时间内登上微博热搜榜第一。虽然事后证明这只是一起并无根据的乌龙事件，但促使柳州市进一步挖掘柳州螺蛳粉的文化内涵，并申请国家级非物质文化遗产。

评 论

韩国为螺蛳粉“申遗”虽为乌龙　但不妨认真看待这一“申遗提议”

近日，一则关于“韩国网友号召为螺蛳粉申请非遗”的消息引发网友广泛关注，顺利登顶微博热搜榜，成为微博热搜榜第一名。一则并不怎么靠谱的网传信息，引发各方争鸣。仅微博阅读量就近 4 亿、发帖量过 10 万。借助这一话题，自媒体收获了一波流量、螺蛳粉扩大了知名度、网民多了话题和谈资，各方皆大欢喜。

从笔者多年的网络经验和媒体初步考证来看，炒热这一话题，多半是蹭热点和刷流量，消息真伪尚且存疑。对此，“螺粉”们大可不必义愤填膺，官方也无须一本正经回应。但热闹之后冷静思考，我们却不妨认真审视这一“提议”，对“螺蛳粉申请非遗”的思路进行一番认真的探讨。

为做大做强柳州螺蛳粉这一地方美食，柳州一直在努力。早在2008年，柳州就将“柳州螺蛳粉手工制作技艺”成功申请为自治区级非物质文化遗产，此后又通过“螺蛳粉进京”等政策鼓励柳州人到外地开设实体店。2014年底出现的预包装螺蛳粉，让柳州螺蛳粉从“现煮堂食”走进了工业园区，进而通过“互联网＋快递”行销全国、走向世界，成为自带热点的“网红食品”。柳州借力使力，通过建立柳州螺蛳粉食品安全地方标准、申报“柳州螺蛳粉”地理标志证明商标、650万元重奖螺蛳粉品牌、建立螺蛳粉检验检测中心等一系列举措推进螺蛳粉产业发展。

正是基于上述这一系列措施，预包装螺蛳粉在诞生短短4年多之后，做到日销量100多万袋，2018年销售收入40多亿元。以螺蛳粉产业为龙头推动一二三产融合发展，还带动了螺蛳养殖、竹笋种植、腐竹加工等一系列脱贫产业的发展。而今，柳州螺蛳粉以其知名度、美誉度，已成为广西美食的代表，去年跃居淘宝美食销售排行榜美食网销榜第一名，成为“可以食用的城市名片”。柳州的城市形象借助螺蛳粉的影响力迅速提升，声名远播。

百尺竿头，更进一步，品牌建设未有穷期。“韩国网友”为我们提供了进一步挖掘螺蛳粉文化内涵的思路。当前，柳州螺蛳粉的优势是知名度高、网销量大、自带流量，而短板是诞生的时间并不长、文化积淀还不深。自治区相关部门和柳州市不妨借鉴“韩国网友”的思路，挖掘和提升螺蛳粉的文化内涵，开发螺蛳粉文创产品，扩大对外宣传力度，进一步打造螺蛳粉饮食文化品牌，推动其成为国家级乃至世界级非物质文化遗产。

“韩国网友”还为我们提供了传统文化保护的思路。韩国是非遗传承较好的国家，此前韩国曾拿与中国相近的传统文化申遗，这也是这次“螺蛳粉申遗”事件触发网民群情哗然的重要原因。传统文化保护刻不容缓，我们应当学习一些先进国家保护传统文化的做法，加强对非遗的保护和传承，同时也应认识到，申请非物质文化遗产的本意，是对非物质文化实现更好的保护，是手段而不是目的。不论是否申遗成功，都应该对传统文化加以呵护，并以开放的胸襟与世界共享传统文化，彰显我们的文化自信。

（作者李斌，原载于 2019 年 3 月 26 日广西云客户端，署名里里，有删改）

2019 年 6 月，柳州市就开始着手准备申报第五批国家级非遗代表性项目名录的材料。

一份申报书、一条 5 分钟的项目申报视频、十张项目相关图片……工作人员需要将所需的申报材料一项项列在纸上，要将柳州螺蛳粉的历史渊源、分布区域、传承谱系、主要特征、重要价值、存续状况等情况逐一体现出来。

工作人员与摄影团队一起，从拍摄各种原材料的处理过程，再到路边探寻深受市民喜爱的柳州螺蛳粉老店……他们走遍田间地头与街头巷尾，只为真实而又生动地展现柳州螺蛳粉的制作技艺和传承传播过程。

要申遗成功，也少不了专家的助力。从 2018 年起，柳州市充分利用实施“双百人才工程”的资源优势，聘请市政府顾问、中国社会科学院学部委员、中国社会科学院民族文学研究所所长兼研究员朝戈金，指导柳州的非物质文化遗产保护和传承工作。“柳州螺蛳粉要申遗成功，一定要侧重于其传统技艺方面和背后的文化内涵内容。”朝戈金与申报小组的同志们分析，特色小吃入选非遗的情况并不多见，所以柳州螺蛳粉在申报时，可着重表现其制作技艺和其背后的文化、社会功能，如螺蛳汤底、酸笋与干榨米粉的制作方法，考古发现和历史文献中食螺、吃粉的历史，当下的产业经济效益等。①

2021 年 6 月，国务院公布第五批国家级非物质文化遗产代表性项目名录，“柳州螺蛳粉制作技艺”榜上有名。“网红美食”入选国家级非物质文化遗产名录，引发了广泛关注，央视多个栏目更是在一天之内连播 9 条消息，以柳

① 黄慧妮 . 柳州螺蛳粉［N］. 柳州日报，2022-06-02（3）.

州螺蛳粉入选非遗名录报道国务院公布第五批国家级非物质文化遗产代表性项目名录的消息。

一种地方美食、“网红美食”才诞生 40 多年，就成功入选国家级非遗，让许多人感到惊讶。其实，这背后还凝聚着国家层面的特殊考量。2021 年 6 月 10 日，文化和旅游部非物质文化遗产司司长王晨阳在国务院政策例行吹风会上介绍：“‘网红美食’的入选主要是发挥国家级非遗代表性项目名录的导向作用，引导各界在关注某一种食品或某一种菜肴制作技艺的基础上，更加关注到饮食类非遗项目所蕴含的文化意义、社会功能和当代价值。”

王晨阳还特别说道：“柳州螺蛳粉是柳州这座城市的特色名片，是当地民众的集体记忆，具有重要的文化意义。如今，柳州螺蛳粉已经发展成为面向全国的特色产业，带动了养殖、种植、加工以及服务业等相关产业的融合发展，在解决就业、脱贫致富、推动地方经济发展方面都发挥了重要作用。”

一时间，柳州螺蛳粉风头无两。

四、螺蛳粉味道因何而美

从路边摊到如今俏销全球，柳州螺蛳粉为什么会那么火？这首先离不开柳州市委、市政府的强力推动，做好顶层设计、建立产业标准、培育知名品牌、建立原材料基地、严把产品质量、推进产品出口、利用新闻舆论造势，等等。

就上述这些来说，实际上都是比较容易复制的经验。而柳州螺蛳粉持续走红的几年间，已有至少上百个地方来学习、取经。而能看到的这些其实都是容易学的，只需把柳州为发展柳州螺蛳粉产业下发的文件、采取的措施复制一遍，再加上肯下决心、下气力就行。然而我们也看到，目前还没有哪一个地区的特色美食真正成为“螺蛳粉第二”。

柳州能把螺蛳粉打造成为一个大产业，成为世界级的“网红”，被数以亿计的食客追捧，如果说仅仅依靠外力来推动显然是无法实现的。柳州螺蛳粉为什么这么火，还得回到柳州螺蛳粉本身去寻找答案。

就袋装柳州螺蛳粉的本身来说，大抵可以从这几方面来揭开它爆火的原因。

（一）螺蛳至鲜

螺蛳粉之所以叫“螺蛳粉”，是因为它的汤是用螺蛳来熬制。源自螺蛳这种河鲜独特的鲜味，是柳州螺蛳粉的最大特色，其味道让人久久难忘。

在我国不同的地区，有着“一颗螺蛳三碗汤”甚至“一颗螺蛳十二碗汤”的俗语，其说法和意义不一，但都隐含着对螺蛳这种河鲜自带鲜美滋味的夸赞。例如闽南俗语就有“一粒田螺煮九碗汤，三粒田螺煮一水缸”之说。民间广泛流传着的这些俗语，都表达了人们对螺蛳鲜味的赞美。

在我国南方，食螺的历史悠久。南方常年温暖潮湿，雨量充沛，水草丰美，利于水生动植物生长，让生活在这里的人们可以随时享用到肥美鲜嫩的河鲜，俯身可拾的螺蛳是人们最普遍且最易得的食物。

南方的古人类在几万年前就懂得捕捞螺蛳补充营养，这一事实可以从遍布岭南地区的贝丘遗址中得到证实。

贝丘遗址以文化层中包含人们食余弃置的大量贝壳为显著特征，分布在沿海、内陆滨湖和临河地带，所含贝类基本上分为海生和淡水两大类。这种遗址反映出渔捞活动在经济生活中占有相当的比重。

广西是我国内河淡水性贝丘遗址数量最多、分布最密集的地区，其贝丘遗址也是内河淡水性贝丘遗址的代表。从 20 世纪 60 年代起，广西的考古工作者相继在邕江、左江、右江、郁江和黔江及其支流两岸发现了贝丘遗址 30 余处。地层堆积以大量的螺蛳壳和人类食用后丢弃的水、陆动物遗骸为主，一般都厚达 1 米以上。如象州县贝丘遗址，为自治区级重点文物保护单位，位于县城南约 2 公里处的柳江岸边，南北长 150 米，东西宽约 100 米，厚约 1.5 米。[①]

① 刘伯臣，刘子林，陈奕. 柳州螺蛳粉［M］. 桂林：广西师范大学出版社，2022：50.

▲ 柳州市融水苗族自治县拱洞乡瑶龙村高亮屯，阳光照射大地，水田水温变暖，村民展示刚打捞的螺蛳

在发现古人类生活遗迹的柳州白莲洞洞穴科学博物馆里，在距今2万多年的地层中，就发现了少量的螺壳堆积，这是柳州最早的食螺遗存。这些螺蛳被敲掉了尾部，在烧熟之后，不用工具，只需吮吸就可以吸出螺肉，这与今天柳州人“嗍螺”的方法一致。

专家由此认定，2万多年前，居住在白莲洞的“柳江人”就已经捕捞螺类食用。另外，在白莲洞周边，发现古人类活动遗迹的鲤鱼嘴遗址、都乐洞穴遗址群等，也发现有大量堆积的螺蛳壳。而距离白莲洞200多公里外，在广西邕江支流八尺江岸边距今6000多年的顶蛳山文化遗址，也发现了古人“嗍螺”的遗迹。

发现古人类食螺遗迹的不仅有广西。2020年，在云南晋宁古城村遗址新发现了一处保存完整的大型湖滨贝丘遗址，遗址是由大量尾部被敲破的螺蛳壳与灰土层交替堆叠形成。据新华社报道，这一片看似普通的土丘之下，埋藏着一座座螺蛳山。深埋地下的螺蛳壳，与灰土层交替堆叠，竟然有 6.5 米的厚度。经碳十四测定，古城村遗址年代为距今 3600 至 2500 年。[①] 这些螺蛳壳有可能是云南古人吃出来的，云南的古人从 3600 年前就在这里开始吃螺蛳了，并留下了这么多的壳。同时出土的还有骨锥、鱼骨、铜锥等工具，据专家猜测，这些有可能是古人享用螺蛳肉的“专属器具”。

由此可以看出，从两万多年前开始，南方不同地区的古人类就对螺蛳有着深深的偏爱。河鲜的鲜味，让人久久不能忘怀，如今的柳州人热衷于“嗍螺”，追根溯源，可以说对这份鲜美食物的喜爱早已在成千上万年前，就融入了柳州人的血液里。

（二）酸汤开胃

螺蛳粉诞生在柳州，与柳州地处壮、汉、苗、瑶、侗多民族聚居区的交界地区也密不可分。米粉是汉族人民的传统食材，而螺蛳粉中重要的味道来源酸笋，其做法则来自苗、侗聚居地区。俗话说“苗侗不离酸”，意思就是说这两个民族的人民喜爱吃酸。

作为一种千百年来流传下来的传统的保存食物的方式，腌酸在苗侗聚居地区非常流行，几乎家家户户都有酸坛。柳州市下辖的融水苗族自治县和三江侗族自治县，这两个地方的人都很喜爱酸食。特别是侗族群众，经常用陈年的酸鱼、酸鸭、酸肉招待远方来的贵客。可以说，柳州螺蛳粉是民族团结、民族融合的产物。

酸笋，是一种开胃的食物，加上螺蛳的鲜味，有着提神醒脑的功效。不少柳州人有着这样的经验：在喝了一场大酒之后，再去吃一碗螺蛳粉，喝完热气腾腾的鲜美的螺蛳汤，酒气立马消了一半。

① 伍晓阳，严勇 . 滇文化从哪来？云南古城村遗址有重要发现 [EB/OL].(2023-02-15) [2023-11-18] .http：//www.xinhuanet.com/2023-02/15/c_1129366902.htm.

其实这在医学典籍上也有相关记载。比如《本草汇言》曰："螺蛳，解酒热，消黄疸，清火眼，利大小肠之药也。"

（三）营养丰富

一些采用油炸制作的速食食品，由于食用后容易上火，被人们称之为"垃圾食品"，而袋装柳州螺蛳粉不一样。从中医药性来说，螺蛳味甘、性寒，所以食用螺蛳粉一定要加入红红的辣椒油，凉性的螺蛳和热性的辣椒结合在一起，不仅增添浓厚的味觉体验，还实现了平衡。

另外，袋装柳州螺蛳粉有很多配料，酸笋、腐竹、花生、木耳、黄花菜、萝卜干，有的还有鹌鹑蛋，甚至有的还有猪脚、鸭脚。如果在家里自己煮袋装螺蛳粉，还可以加入青菜、肉末等。

柳州螺蛳粉的配料很"杂"，从颜色上看，白色的干切粉、黑色的木耳、绿色的青菜、红色的辣椒油、金黄色的酸笋腐竹等，色彩斑斓；从口味上看，酸、辣、咸、甜，味道层次分明；从制作工艺上看，腌制的酸笋、酸豆角，油炸的花生、腐竹，烫煮的青菜，口感上韧劲与清脆并存。这样的一碗有特色的螺蛳粉，营养丰富均衡。

广西中医药大学附属瑞康医院副主任中药师刘偲翔认为，螺蛳粉中的山柰、八角茴香、肉桂、丁香等药食同源的香料，多为辛温之物，有消食、理气、温通的功效，临床常配伍用于脾胃虚寒、饮食不消、虚寒吐泻、脘腹冷痛等症的治疗。与香料同烹，使得螺蛳汤底鲜香甘甜，又寒热互补；再加入以大米为原料，具有补中益气、健脾养胃之效的米粉，使螺蛳粉具备了健脾和胃、理气化湿的功效。寒湿时节，再给螺蛳粉浇上一层热辣的辣椒油，不仅能提香配食，还能暖胃驱寒。①

① 刘偲翔."宝藏"美食螺蛳粉，居然也有养生功效？［J］.中医健康养生，2024（5）：37–38.

（四）还原度高

有的预包装食品之所以难以打开市场，往往是实体店里味道好，而装进包装之后味道相去甚远。而当前的袋装柳州螺蛳粉制作工艺，基本上可以让柳州螺蛳粉的还原度达到 90%，还有不少食客甚至认为袋装螺蛳粉比一些实体门店的螺蛳粉更好吃。

这样一来，可以快递到家的柳州螺蛳粉，就成了“可以快递的乡愁”，让人们非常便利地享受到来自柳州街头原汁原味的螺蛳粉，柳州螺蛳粉迅速打开了广阔的销售市场。

（五）气味独特

“螺蛳粉是臭还是香”“妈妈眼中的你吃螺蛳粉”“在办公室吃螺蛳粉是怎样的体验”等极具讨论性的话题每隔一段时间都会出现在社交平台，网友们围绕螺蛳粉独特的气味展开了激烈讨论。2020 年 3 月，仅“妈妈眼中的你吃螺蛳粉”这个话题就在新浪微博上获得了 3.4 亿次的阅读量。

有的人说香，有的人说臭，还有的人说闻起来臭吃起来香。一碗螺蛳粉将人们分成了不同的阵营，有人爱、有人嫌，这无形中增加了螺蛳粉的热度，让其具备了丰富的话题性。

螺蛳粉备受争议的独特气味来自螺蛳粉的重要配料——酸笋。而为什么有人觉得香、有人觉得臭？这与酸笋的生产过程有关。传统制作工艺中，把竹笋放在盐水中自然发酵，即可制作酸笋。在发酵过程中，大量蛋白质分解释放出氨基酸，大量的糖转化为有机酸。氨基酸和有机酸以及糖等其他成分进一步发生转化、反应，会生成醛、酸、酚、酯、醇等多种物质。酸笋风味物质的形成主要由原料、微生物、酶催化等反应产生。目前，对甲酚被认为是酸笋臭味的最主要呈味物质，对甲酚是一种具有一定刺激性气味的挥发性风味物质，是竹笋中游离氨基酸——酪氨酸的主要发酵副产物，具有焦皮臭、动物臭味，发酵后的酸笋因含有对甲酚，主要呈现出刺激性气味和药味。[①] 柳州螺蛳粉所谓的“臭味”就源于这里。

这种所谓的“臭味”对于钟情于螺蛳粉鲜味的食客们可忽略不计。同时，酸笋的发酵过程还会产生多种香味。相关实验研究表明，酸笋在发酵过程中醇类物质共检测出 17 种，在整个发酵过程中相对含量先减少后增加，而醇类物质具有令人愉悦的香气。另外，酸笋发酵过程中相对含量较少但种类较多的酯类物质，其中，具有水果香气和白兰地的酒香味的辛酸乙酯发酵前期含量较多，还有呈微弱蜡香、果香和奶油香气的棕榈酸乙酯，以及具有水果类香气的苯丙酸乙酯等。[②] 相关气味物质浓度的差异，以及人的感官差异，就决定了一个人所闻到酸笋味道到底是香还是臭。

而从传播学来说，争议是促使网络事件的传播力和影响力迅速增强的重要因素，争议越大，传播力就越强。正因为有的人认为香，有的人认为臭，客观上扩大了柳州螺蛳粉的传播效应，促使了不少人更加想尝试一下。而在柳州螺蛳粉推广实践中，无数案例证明，多数人难以摆脱“三碗上瘾”的定律：只要尝试吃 3 次螺蛳粉，最终都会爱得欲罢不能。

据华经产业研究院 2022 年发布的数据显示，中国主要臭味食品消费人群增速最快的为螺蛳粉，增速达 93%，位列第一；第二为臭笋，增速 52%；第三是鲱鱼罐头；第四是臭鳜鱼。[③] 说明中国臭味食品喜好者更喜欢螺蛳粉，这也刺激着不少年轻人尝鲜，促进了螺蛳粉需求量增加，助推了柳州螺蛳粉产业的发展。

① 卿明义，叶银凤，李玉蟾，等. 螺蛳粉风味物质的研究进展[J]. 品质营养，2023(6)：91–97.

② 张雅雯. 螺蛳粉酸笋中微生物菌群及风味物质的分析[D]. 武汉：华中农业大学，2022.

③ 新消费智库. 好欢螺、螺霸王、臭宝、人类快乐谁会是螺蛳粉赢家？[EB/OL](2022-12-26)[2023-11-24].https：//ishare.ifeng.com/c/s/v002-_51R6F6p0whbK9--HUexbjSuXtVia--W7WAVRNzCUfgec__.

（六）天选柳州

“唐贞观八年，我的名字叫柳州”，这是柳州的一句宣传语，凸显了这座始建于汉元鼎六年（前111年）、具有2100多年建城史的城市拥有的厚重历史。

柳州螺蛳粉能从柳州走向全球，冥冥中还有天助。这还得从柳州的得名说起。

一些不了解的人可能会认为柳州的得名与柳宗元有关，其实不是。柳州得名于唐贞观八年（634年），而柳宗元来到柳州是唐宪宗元和十年（815年），也就是柳宗元到柳州之前，柳州就已经被称作柳州了。因此，柳宗元到柳州做刺史，也被称为“柳柳州”。柳宗元还在柳州写下了《种柳戏题》：“柳州柳刺史，种柳柳江边。谈笑为故事，推移成昔年。垂阴当覆地，耸干会参天。好作思人树，惭无惠化传。”柳州人民为纪念柳宗元，在柳宗元死后第三年在柳州罗池畔修建了柳侯祠（古称“罗池庙”）。

柳州究竟因何得名？说法有多种。而最著名的说法来自《新唐书·地理志》，其中记载柳州以“地当柳星”为名。在南方朱雀象二十八宿（星）之中，确定有一个星名“柳”，柳宿八星形状弯曲，像鸟嘴也像垂柳。如果按照星宿以形似命名，得名柳。

“贞观八年改柳州，以地当柳星而名。”这就是说，柳州正好处于柳星之下，此地理所当然以“柳”为名。这样的得名，在我国还有不少地方，例如长沙、娄底等。

在《晋书·天文志》中也称：“柳八星，天之厨宰也，主尚食，和滋味。”柳星为天上掌管膳食之小吏，主要负责饮食，调和滋味。

上应天星，下应人文。柳星位于柳州的上空，如今柳州螺蛳粉火了起来，发展得越来越好，天南海北的游客或乘飞机，或坐动车，或自驾车，不辞辛苦蜂拥而至只为一碗粉，是不是也有缘由在此？很值得细细品味。

柳星之下，美食之地。或许，柳州注定就是一座令“吃货”们心驰神往的城市。

·第四章·

走红：网络“爆红”的一年

说起柳州螺蛳粉火起来，不得不提到2020年。甚至不少人坚持认为柳州螺蛳粉就是在这一年火起来的。2020年初，突如其来的新冠疫情，让许多人不得不待在家里，“宅家经济”由此产生。无奈只能守在家里的人们，吃腻了冰箱里储存的食品，开始想念“重口味”的食物，柳州螺蛳粉因此一袋难求。

“螺蛳粉还不发货”“为了吃螺蛳粉有多拼”“螺蛳粉的英文名”“广西3万盒螺蛳粉驰援湖北”“全国首家螺蛳粉产业学院揭牌”“柳州螺蛳粉半年产值近50亿元”“李子柒在柳州建螺蛳粉厂”“螺蛳粉终于对月饼下手”……关于柳州螺蛳粉的话题成了微博热搜榜上的常客。据不完全统计，仅2020年上半年，就有30多个有关螺蛳粉的话题登上新浪微博热搜榜，这些话题仅在新浪微博的阅读量就超过50亿人次。

柳州螺蛳粉在网络舆论场的热度，也影响了主流媒体。当年柳州螺蛳粉还获得《人民日报》、新华社、中央广播电视总台等中央主要新闻媒体报道300多篇次，引发媒体广泛转载。柳州螺蛳粉成了沟通线上线下、大屏小屏互动、打通新媒体和传统媒体“两个舆论场”的舆论热点。柳州宣传部门积极用好柳州螺蛳粉的网络流量，极大地促进了柳州城市形象的传播。

一、柳州螺蛳粉突然遭遇“全网催货”

2020年最火爆的食物是什么？毫无疑问就是螺蛳粉。

当年春节过后，因新冠疫情宅家的人们突然发现，柳州螺蛳粉一袋难求，商家已经开启了预售模式，短则 15 天内发货，长则需要等待一个半月以上。这让人们不禁感慨：没想到柳州螺蛳粉跟口罩一样难买！

新冠疫情期间，柳州螺蛳粉作为一款现象级速食单品，频频登上微博热搜榜。在新浪微博上，截至 2020 年 3 月 20 日，“螺蛳粉还不发货”的话题引发了 17.7 万人次讨论，3.5 亿人次阅读。《淘宝经济暖报》数据显示，2 月最后一周，有 320 万人上淘宝搜“螺蛳粉”。一些主播，靠卖螺蛳粉吸粉无数；网友集体催货，呼唤“螺蛳粉自由”……当时，在某电商平台，经营螺蛳粉的网店月销量达到数十万单。

▲ 在柳州螺蛳粉生产聚集区一家企业里，工人在生产车间里忙碌

这样火爆的销售，让厂家也始料未及。广西螺状元食品科技股份有限公司董事长刘清石说，当时供货非常紧张，唯一的措施就是增加了第三个班次，意味着整个厂24小时生产，而在平时只生产16个小时。当时接的订单都是至少要45天以后才能发货的，客户先打钱进公司的账号里，也没有通知公司，打完钱才告诉销售对接人员要订货。

刘清石认为，柳州螺蛳粉的特色非常鲜明，是少有的配料比主料还多的方便食品，一袋300克的预包装螺蛳粉，配料就占了近180克，干米粉只占120克，在国内独一无二，相应的替代产品少。加上其口味集酸、辣、鲜于一体，迎合了人们宅家期间改善口味的需要，特别是迎合了不少年轻人的喜好。

柳州螺蛳粉遭遇“全网催货”的背后，一方面是柳州螺蛳粉的逆势走红，另一方面是疫情造成的复工难、原材料和防护物资紧缺。两重因素叠加，一时间造成了柳州螺蛳粉“一炮走红”。

2020年10月，肯德基宣布推出新的快煮预包装食品系列产品，其中便有鸡肉螺蛳粉。有网友感叹：“没想到我也有在肯德基吃螺蛳粉的一天。”在此之前，元气森林品牌与好欢螺品牌推出了联名款螺蛳粉，李子柒、良品铺子、三只松鼠等品牌也推出各自的螺蛳粉产品。[①]

“全网催货”，让柳州螺蛳粉迅速出圈，长时间占据了网络舆论热点。

二、螺蛳粉成为2020年舆论热点简析

近年来，柳州螺蛳粉在工业化理念、产业化思维的推动下，实现了产业化、标准化、品牌化、规模化发展。纵观2020年有关“螺蛳粉”的话题登上热搜榜，“霸屏”网络热点话题的形成过程，主要分为网民自发、演艺界人士

① 农冠斌.解码柳州螺蛳粉：从路边摊到近百亿产业[N].经济参考报，2020-10-27(4).

代言、新闻推动三类。

（一）网民自发类

“螺蛳粉还不发货”“晒出你已到货的螺蛳粉”“第一次吃螺蛳粉的反应”“妈妈眼中的你吃螺蛳粉”“中国人到底有多爱吃螺蛳粉”等微博热搜话题，最初发起者都是普通网民，展示了网民对螺蛳粉的喜爱，进而引发网民共鸣，自发形成了舆论热点。

以 2020 年 2 月中旬产生的“螺蛳粉还不发货”话题为例，受到新冠疫情影响，人们出行受到限制，柳州螺蛳粉作为“重口味”食品备受人们推崇，但同时因新冠疫情等多重原因导致一度卖到脱销，发货迟缓，甚至下单后 45 天才能收到货，一些知名网店销量达到 100 万单以上。因此，“螺蛳粉还不发货”这一话题引起了螺蛳粉爱好者的共鸣，进而形成“全网催货”，推动话题在新浪微博形成 3.5 亿人次的阅读量。

另外，2020 年 2 月 20 日“人民网”微博账号还利用“螺蛳粉还不发货”这一话题带来的热度发起“你爱吃螺蛳粉吗”的调查，阅读量超过 3200 万人次。进而，新华社、央视、中新社等媒体利用网络直播、视频报道、报纸版面加入“催货”行列。例如，3 月 1 日，新华社“现场云”以《螺蛳粉去哪了？记者带你到柳州“催单”》为题进行直播报道；3 月 20 日，《中国青年报》在《青年之声》栏目刊发《备受年轻人喜爱的螺蛳粉怎么还不发货？》。另外，在微信公众号、头条号、哔哩哔哩、抖音等平台上，许多自媒体自发以各种角度剖析螺蛳粉爆红背后的原因，蹭螺蛳粉的热度，制造了数不清的阅读量或浏览量“10 万 +”的文章、视频。

（二）演艺界人士代言类

近年来，《走遍中国》《食在八方》等知名美食和娱乐节目纷纷推出“螺蛳粉专场”，众多演艺界人士借助柳州螺蛳粉的热度提高知名度，形成了“螺蛳粉带网红”的现象。2020 年以来，螺蛳粉热度持续走高，其中不少有关演艺界人士与螺蛳粉的话题登上了微博热搜榜。

2020 年 2 月 23 日，一位演艺界人士在新浪微博发出“今天是加了菠菜的螺蛳粉”，并配上自己吃螺蛳粉的照片，这条微博被网友评论超过 1 万条。该微博被网友截图并配上该演艺界人士吃螺蛳粉的话题快速传播，登上了新浪微博热搜榜，阅读量超过 3 亿人次。

2020 年 8 月 18 日，李子柒在柳州召开品牌发布会，宣布将在柳州建设螺蛳粉工厂，相关话题当晚即登上微博热搜。

（三）新闻推动类

通过新闻媒体报道推动话题形成热搜，也是螺蛳粉形成热点的重要路径。“广西 3 万盒螺蛳粉驰援湖北”“2020 年前 4 月螺蛳粉出口量暴涨”“柳州螺蛳粉半年产值近 50 亿元”“中国首家螺蛳粉产业学院开课”等热点话题，均是通过新闻媒体的报道登上热搜，进而形成全网话题，推动线上线下持续关注。

由于柳州螺蛳粉的“网红”特性，媒体在报道中通常会将“螺蛳粉”强化出来作为新闻点吸引眼球，推高了螺蛳粉的关注度。2020 年 2 月 4 日及 2 月 21 日，广西组织抗疫物资运往湖北，经过新闻媒体提炼新闻点，“广西 3.1 万盒螺蛳粉支援湖北”“广西 3 万盒螺蛳粉驰援湖北”2 个相似的话题，先后登上微博热搜榜，形成了近 2 亿人次的阅读量，向社会传递了众志成城、齐心战疫的正能量。受此舆论热点影响，当 2 月 22 日广西援鄂医疗队出现在武汉天河机场时，当地群众和外地医务人员高喊“螺蛳粉加油”为广西医疗队加油，广西援鄂医疗队也被称为“螺蛳粉战队”。

三、两大原因让螺蛳粉受到舆论持续关注

自 2014 年底袋装螺蛳粉出现以来，由于其配料之一的酸笋气味独特，形成了又爱又恨或爱恨交织的不同阵营。“吃货”间不断争议自带热度的新闻点更是放大了螺蛳粉的话题性，在各大互联网平台收获国内外大量“粉丝”，成

为名副其实自带传播力、影响力和号召力的“网红”。2020年疫情期间，螺蛳粉多次成为舆论热点，原因主要有两个。

（一）“共情”效应带来群体共鸣

据淘宝网发布的数据，在新冠疫情期间，柳州螺蛳粉多次登上淘宝热搜榜榜首，位列宅家食物排名榜第一名。食客需求旺盛，而受疫情影响，柳州螺蛳粉企业复工不足、原料短缺、物流受阻，导致人们在网购螺蛳粉后，需要等待半个月甚至45天商家才能发货。不少媒体称柳州螺蛳粉已经超越口罩，成了最难买到的抗疫“硬通货”。螺蛳粉难买，触发了网民的“共情效应”，因此在“螺蛳粉还不发货”之后，已收货的网民纷纷“晒货”炫耀，又使“晒出你已到货的螺蛳粉”登上热搜，进而引发反思为何爱吃螺蛳粉，让“中国人到底有多爱吃螺蛳粉”“为了吃螺蛳粉有多拼”等话题也接连火热。

在“百度知道”的“中国人到底有多爱吃螺蛳粉？有什么数据或事例可以说明吗？”问题下，一名网友这样回答——

螺蛳粉上热搜榜了，很多人都无法理解，螺蛳粉怎么就能上了热搜呢？很多人花钱都不一定能够上热搜，就算上热搜也不一定能够引起人们的关注，但螺蛳粉不仅上热搜榜时间最长，次数还多。在这个特殊时期吃不到螺蛳粉，让很多人开始寝食难安，有室友曾经这样说过：“螺蛳粉能够让你爱到骨髓里，如果这一辈子只能在喜欢的女神和螺蛳粉中选择的话，我宁愿选择螺蛳粉，宁愿变成‘单身狗’都要选择螺蛳粉。”可见螺蛳粉对他的重要性。

（二）政企联动推动热点持续

为让螺蛳粉在舆论场有足够的曝光量，保持正面舆论热度，柳州市相关部门、企业采取了多种措施。柳州市的全国人大代表曾多次在全国两会上力推螺蛳粉，点亮了柳州螺蛳粉的“网红”之路。疫情期间柳州市政府则更加强调在销售井喷的形势下要注重产品质量，避免螺蛳粉因质量问题产生负面舆论。另外，柳州市相关领导及商务局局长多次参与直播带货，助推螺蛳粉销售；柳州市宣传部门不断深挖螺蛳粉产业背后的新闻点并向媒体推荐，吸引媒体持续关注和报道；柳州职业技术学院成立“柳州螺蛳粉产业学院”；螺蛳粉企业邀请一些“带货达人”直播带货；李子柒与《人民日报》新媒体推出联名款柳州螺蛳粉。

上述这些做法，为舆论场不断注入新的信息，维持了正面舆论热度，效果正如《每日人物》在报道中所评价的：“柳州市政府似乎深谙网络营销的路数，每一个螺蛳粉行业新动向，最终都通过热门微博与公众见面。”[①]

这期间，企业网络营销手段也新招迭出，越来越多企业看中螺蛳粉的火

▲ 工人在螺蛳粉生产车间里忙碌

① 徐晴 . 为什么只有螺蛳粉可以出圈？ [EB/OL].(2020-08-04)[2023-11-30].http://www.boyamedia.com/category/detail/13818/.

热，跨界联名款层出不穷。2019 年 10 月，广西中柳食品科技有限公司开始跟李子柒合作，推出李子柒品牌的螺蛳粉。起初李子柒的团队来谈合作时，能卖多少货，双方心里都没底。2020 年，销量突然暴涨，李子柒要求每天出货 30 万到 35 万包，而公司只能生产 15 万包。有一款联名款螺蛳粉，3 天就卖出了 500 万包。不断加单的情况让企业扩招了一倍的工人，2/3 的生产线用来生产李子柒品牌的产品，而公司自己品牌的螺蛳粉销量也连带上涨。

四、柳州助推螺蛳粉舆论热点的三个路径

袋装柳州螺蛳粉与生俱来就承载着帮助柳州城市形象“出圈”的重任，随着柳州螺蛳粉持续走红网络，柳州市宣传部门也积极用好各种路径，通过新闻舆论工作助推柳州螺蛳粉保持舆论热度。2020 年初，螺蛳粉名气爆棚、销售爆单，柳州不失时机地营造话题、用好媒体，让热点不断线、热度不降温，努力推动螺蛳粉产业发展水平、产品知名度向更高台阶迈进。

（一）挖掘新闻话题

柳州市宣传部门积极运用新闻舆论手段，努力挖掘柳州螺蛳粉背后的新闻点，不断为舆论场注入新鲜话题，保持公众对螺蛳粉的关注度。例如，在得到柳州螺蛳粉 1—4 月有 10 批次出口，出口额较 2019 年全年增长超过 140% 的信息后，柳州市宣传部门深挖背后的原因，发现柳州螺蛳粉在 2019 年受非洲猪瘟疫情影响出口下降，此后，相关部门积极引导企业开展“牛骨替代猪骨熬螺蛳汤”的“微创新”，促进了螺蛳粉产业克服非洲猪瘟疫情影响实现出口暴涨。这一新闻点的挖掘，为螺蛳粉出口井喷的话题注入了新内涵，得到了中央广播电视总台、《光明日报》、《广西日报》等众多媒体报道，《经济日报》等媒体还刊发评论《危机之中寻转机》为柳州点赞。“央视网”新浪微博账号在转载央视财经频道的报道时，设置的“2020 年前 4 月螺蛳粉出口量暴涨”话题，登上了热搜榜。“螺蛳粉出口量暴涨”的报道既登上了主流媒

体，又深刻影响了新媒体舆论，既有正能量又有流量，打通了“两个舆论场”。

柳州市宣传部门时刻关注螺蛳粉产业热点，不断释放新的消息，为舆论场提供源源不断的话题。如“柳州螺蛳粉半年产值近50亿元”“上半年柳州螺蛳粉出口是去年全年的8倍”等消息通过媒体报道后，引发广泛关注。

2020年10月底，一名叫李永国的酸笋“闻臭师”被媒体挖掘出来。他在行业内“闻臭”12年，积累了丰富的经验。他有一项特殊的技能，一般机器只能检测出酸笋的酸度，而他看一眼酸笋，再凑近闻一下，就能大致说出笋腌制了多久，腌制笋的缸用了多久，腌制用的卤水用了多久。凭借“金鼻子”，李永国被一家企业聘请为一名年薪50万元的螺蛳粉“闻臭师”，另外他的老本行卖竹笋也有50万元左右的年收入，加起来一年收入可达100万元。这个极具新闻热点的信息出现在舆论场之后，迅速引发关注。有关李永国的新闻报道先后7次登上央视银屏，2次登上新浪微博热搜榜，新华社、《中国日报》、《工人日报》、香港大公文汇传媒集团以及各大网络媒体争相报道，其话题性也进一步助推了柳州螺蛳粉在舆论场持续保持热度。

在一家螺蛳粉工厂，“闻臭师”李永国在酸笋腌制车间里用鼻子闻酸笋的发酵情况

消息

牛骨替代猪骨熬汤，工艺革新效益凸显

——柳州螺蛳粉出口“井喷”

在去年年初柳州螺蛳粉出口遇阻之后，今年1月至4月，螺蛳粉出口“井喷”，出口额达31.1万美元，是去年全年出口额的2倍多。螺蛳粉出口从受阻到“井喷”的背后，是在传统工艺上一个看似不起眼的创新——用牛骨替代猪骨熬制螺蛳汤。

柳州螺蛳粉从“现煮堂食”到“袋装速食”的供给侧改革，让螺蛳粉风靡网络，俏销全球。然而，从去年初开始，受非洲猪瘟疫情影响，多国暂停或限制进口猪肉及猪肉制品，加之因中美贸易摩擦，出口美国关税大幅提高，螺蛳粉出口受阻。去年1月至8月，仅出口1批次共计0.48万美元。

用猪骨加螺蛳，配以十余种天然香料用慢火熬制数小时而成的鲜汤，是螺蛳粉美味的主要来源，也是螺蛳粉制作技艺的精髓。然而猪肉制品出口受限，让企业犯了难。为解决这一问题，柳州市螺蛳粉产业发展领导小组多次研究应对措施，其中一项重要措施就是用牛骨替代猪骨来熬制汤料。为实现工艺革新后保持螺蛳粉原有的味道，市商务局还带领螺蛳粉企业到兰州等地学习牛骨汤的制作方法。

“经过反复试验，我们用牛骨熬制的螺蛳汤，与之前工艺熬制的螺蛳汤在味道上没有差别，深受消费者喜爱。”广西螺状元食品科技股份有限公司董事长刘清石说。公司研制出一款“牛骨金汤螺蛳粉”，这一工艺革新不仅让螺蛳粉重新打入了欧美市场，还消除了部分人的顾虑，扩大了消费者群体。“五一”期间，公司仍在加班加点生产，全力满足国内外消费者的订单。

柳州市得华食品有限公司、广西螺霸王食品有限公司、广西全汇食品有限公司等螺蛳粉企业也积极改进产品工艺，生产出适应海外市场的产品。“今年前四个月，我们已有5批近20万袋螺蛳粉出口美国、澳大利亚、新加坡等国家，而去年上半年，我们出口量为零。”柳州市得华食品有限公司市场总监颜晶晶说。

除积极引导企业改进产品生产工艺外，我市还出台螺蛳粉出口遇冷应对方案，针对企业出口所需的各类国际质量标准体系认证、国际展会、跨境电商、境外广告等知识，多次举办外贸业务培训班。

“通过一系列举措，迅速扭转了螺蛳粉出口颓势。去年柳州螺蛳粉企业‘后程发力’，出口额共13.45万美元，较2018年增长了19.34%。”市商务局副局长说。

今年新冠疫情期间，螺蛳粉需求“井喷”，先后10次登上微博热搜榜，全网催货，销量暴涨。在国内市场供不应求的情况下，柳州螺蛳粉企业仍努力满足海外受众的需求。据统计，1月至4月，柳州螺蛳粉已有10批次出口，出口额达31.1万美元，较去年全年增长超过140%。

（作者李斌，原载于2020年5月8日《柳州日报》1版，有删改）

评论

危机之中寻转机

据报道，因非洲猪瘟疫情引发多国暂停或限制进口猪肉及猪肉制品等因素的影响，去年广西柳州螺蛳粉出口一度受阻。在危困面前，柳州积极引导螺蛳粉企业进行产品革新，其中之一是用牛骨替代传统工艺中的猪骨熬制鲜汤，再加上一系列有针对性的帮扶措施和销售创新，不仅一举扭转了出口颓势，还扩大了消费者群体。据悉，今年前4个月，当地螺蛳粉出口额是2019年全年的两倍多。

“危”和“机”往往是一件事的两面。对于企业来说，重要的是能否在危机中看到未来，找准切入点、抓住关键点、聚力突破点，采取有力举措开展创新。用牛骨替代猪骨熬汤，一个看似不起眼的工艺“微创新”，推进了柳州螺蛳粉出口从受阻到“井喷”，无疑就是化“危”为“机”的典型案例。

当前，在新冠疫情防控常态化的大背景下，一些产业、部分企业的发展面临着前所未有的困难和挑战。同时也应看到，重大困难往往会使人突破旧格局、打破旧模式，很可能催生新产业、新业态和新模式。面对新冠疫情带来的压力，我们不能消极对待、坐以待毙，也不能简单规避，而要认真分析其中潜藏的机遇，善于创新、抓住机遇，危机之中寻转机，越是艰险越向前。

机遇总是垂青敢于革新、善于创新的人。17 年前的非典疫情，催生了线上消费，成就了后来中国的世界级电商平台；在此次新冠疫情中，远程会议、生鲜配送等行业快速发展。在广西工业重镇柳州，许多企业在此次疫情防控过程中抢抓机遇，化“危”为“机”，也充分展现了不俗的创新力、行动力。

大到一个地方、一个产业、一个企业，小到身处这个时代的个人，都会不同程度面临“危”中求“机”、化“危”为“机”的问题。面对新形势、新问题，要“不畏浮云遮望眼”，准确识变、科学应变、主动求变，捕捉新机遇。就眼下各地和各企业来说，要用好眼下攻坚半年和年度目标的黄金季和拼搏季，加快复产，把失去的时间扳回来、把损失夺回来，下好“先手棋”、稳住“基本盘”，同时着力从眼前的危机和困难中捕捉新机遇、开创新模式、创造新业绩，变压力为动力，化危机为转机。

（作者李斌，原载于 2020 年 5 月 14 日《经济日报》3 版，有删改）

（二）用好主流媒体

近年来，主流媒体虽然受到来自新兴媒体的挑战，但是拥有专业的采编团队、权威的品牌形象、广阔的发布渠道等特点，在舆论场中仍然发挥着不可或缺的作用。特别是随着新型主流媒体建设的推进，中央主要媒体借助丰富的表现形式、广泛的受众群体、全媒体的传播载体，在舆论场中保持着龙头压阵作用。纵观2020年以来的螺蛳粉舆论热点，不少是通过传统媒体影响新媒体舆论的形成。

例如，2020年7月14日，央视财经频道采访制作的《广西柳州：螺蛳粉出口量达去年8倍》《3天卖500万包　螺蛳粉花式营销火“出圈”》《螺蛳粉市场火爆　工厂通宵加班忙扩产》《原料缺货包装箱告急　螺蛳粉带火产业链》共4集“网红螺蛳粉调查”，在《正点财经》《天下财经》《第一时间》等多个栏目播出，并通过“央视财经”新浪微博账号设置话题“柳州螺蛳粉半年产值近50亿元”，登上了微博热搜榜。不仅如此，这一报道还引起央视《新闻联播》主播海霞的关注，并于7月18日在《主播说联播》中点评柳州螺蛳粉“出圈”是“中国经济有韧性的一个缩影”，在微信、抖音、微博等多平台广泛传播，被多家媒体转载。中央广播电视总台7月中旬对螺蛳粉的这一轮全媒体传播，形成了持续一周的热点。

海霞：

先来问一个“有味道”的问题，您爱吃螺蛳粉吗？

最近有条调查报道说，来自柳州的螺蛳粉“出圈”了，不仅在国内卖得火，还走出国门，光是上半年的出口额就达到去年出口总额的8倍。

这螺蛳粉本是传统小吃，有不少人还挺“嫌弃”它有味儿，怎么就逆袭了呢？我总结了一下，一方面，新冠疫情期间当地加强了产业化、规模化生产线建设，让街头小吃变成袋装速食，反而打破了新冠疫情带来的限制，一下子就可以飞往世界各地，还带动了上游原料供应和外包装等周边产业的发展；另一方面，当地也很注意和新业态结合，搞起花式经营，比如直播带货、跨界联名，等等。这些操作叠加起来，螺蛳粉能不火吗？

其实，这只是中国经济有韧性的一个缩影。今天联播报道就提到，多国人士认为，中国经济最近的V型反弹给全球经济复苏带来信心，根本原因是近年来中国经济结构不断调整优化，对克服疫情冲击起到了关键作用。有韧性，有潜力，这就是中国经济，这味儿，杠杠的！①

海霞的点评深刻地影响了主流媒体对柳州螺蛳粉的评价。2020年8月17日，新华社旗下《新华每日电讯》刊发5000多字的长篇通讯《“大器晚成”螺蛳粉，折射中国经济有韧性》，深度剖析柳州螺蛳粉产业发展。该文还通过新华社新媒体线路播发，超过200家网络媒体采用，呈现了“刷屏”效应。

（三）用活新兴媒体

新兴媒体有着形式新颖、内容丰富、表现灵活等特点，在舆论场中发挥着越来越重要的作用。用活新兴媒体，是营造舆论热点的重要途径。在新兴媒体形成的舆论热点，往往也能够触发传统主流媒体关注，在传统媒体舆论场形成热点。

2020年5月28日上午，全国首家螺蛳粉产业学院在柳州职业技术学院揭牌。柳州市政府新闻办工作人员立即将现场图片转发到个人微信“朋友圈”，用以吸引媒体记者关注，并主动联系媒体供稿。“中国日报”新浪微博账号于当日12时22分率先发稿并设置话题“全国首家螺蛳粉产业学院揭牌”，这一微博迅速被“人民日报”“Vista看天下”等微博账号转载，话题在1个小时左右便冲上了热搜榜第三位。随后，包括新华社在内的多家中央媒体的微信公众号也纷纷刊发这则消息。不仅如此，新媒体热点还带动了传统媒体介入。5月30日，央视财经频道在《做好“六稳”落实“六保”》专栏中，以《广西柳州：酸辣鲜爽螺蛳粉要做成大产业》为题，刊发螺蛳粉产业学院揭牌的消息。东方卫视、南方卫视、辽宁卫视、江苏卫视、江西卫视、安徽卫视等

① 主播说联播丨螺蛳粉火出国门，逆袭靠什么？海霞的回答很有“内味儿”[EB/OL].（2020-07-18）[2023-11-30].https://mp.weixin.qq.com/s/XuJJ6NH03FmLv4B6SGKt7A.

10 多家省级卫视也播了相关报道,《经济日报》《北京日报》《河南日报》《江西日报》《广西日报》等多家报纸刊发正面评论。借助新媒体形成的舆论热点，柳州螺蛳粉形成了主流舆论与网络舆论同频共振的热点，让柳州再次声名远播。

螺蛳粉题材备受自媒体关注。哔哩哔哩等在年轻人中具有广泛影响力的新兴媒体自发制作了诸如《为了做网红，你知道螺蛳粉有多努力吗？》等视频短片，也产生了广泛影响力。哔哩哔哩还专门设置了“螺蛳粉频道”，截至 2020 年 6 月，该网站就已有 1.2 万个相关视频，播放量达到 1.6 亿次。

五、做好话题延伸，推进柳州城市形象传播

而今，人们提到螺蛳粉就想到柳州，提到柳州就会想到螺蛳粉，就如“兰州拉面”与兰州的关系一样，柳州螺蛳粉与柳州这座城市已密不可分。柳州螺蛳粉作为超级流量明星，成了柳州珍贵的城市名片。借助柳州螺蛳粉的热度，柳州在一众三线城市中声名鹊起。柳州宣传部门积极运用这张城市名片，讲好发展故事、城市故事和产业故事，推进城市形象对外传播。

（一）结合经济形势，提振消费信心

2020 年以来经济下行压力逐渐加大，特别是出口业务在一定程度上受阻。结合螺蛳粉这一热点，柳州宣传部门积极推进复工复产新闻报道，展示柳州保持经济社会平稳健康发展的举措。例如，央视《新闻直播间》在 2 月 25 日以螺蛳粉企业复工复产为切入点对柳州进行了报道，新华社 2 月 27 日播发图片通稿《广西柳州：螺蛳粉企业复工忙》。在出口日益艰难的情况下，柳州螺蛳粉异军突起，出口井喷，更是吸引了各大媒体的关注，成为新华社、央视等媒体重点报道的题材，提振了人们对经济发展的信心。2020 年 8 月，新华社播发《组合拳发力　广西多举措稳外贸显成效》，央视播出《广西：扭负为正！上半年 GDP 增速居全国前十》等报道时，均采用了螺蛳粉出口暴涨的案例。

▲ 在柳州螺蛳粉产业园一家企业里，工人在仓库里装运螺蛳粉

（二）蹭好“网红”热度，讲好城市故事

正如兰州拉面、云南过桥米线一样，“城市＋美食”就是一座城市最具传播力的城市名片。柳州借助柳州螺蛳粉这张“可食用的城市名片”带来的传播力，努力讲好城市故事。例如《新周刊》2020 年第 14 期用 6 个页码刊发长文《柳州螺蛳粉　一碗“网红粉”的诞生》，用较大篇幅讲述了柳州的历史文化；哔哩哔哩在《夜深人静，马前卒在实验室偷吃螺蛳粉……》视频中，深度剖析了柳州作为工业城市做好螺蛳粉的工业基因；《新华每日电讯》刊发的《“大器晚成”螺蛳粉，折射中国经济有韧性》一文中，介绍了柳州“还是全国五大汽车生产基地之一，最高年产销汽车超过 250 万辆”等城市背景。在柳州螺蛳粉成为舆论热点的同时，柳州的城市故事得到了有效传播。

（三）结合产业发展，讲好脱贫故事

为延长柳州螺蛳粉产业链并保证产品质量，柳州积极开展原材料示范基地建设，到2020年，大米、豆角、螺蛳、竹笋、木耳等螺蛳粉原材料基地面积超过300平方千米，带动农户20万人，其中贫困户4500多户2.3万余人，人均年增收9000元以上。结合螺蛳粉产业发展，柳州宣传部门积极协调媒体讲好脱贫攻坚故事。经过积极推荐，仅中央媒体就在2020年结合脱贫攻坚对柳州螺蛳粉进行了大量报道：新华社1月2日播发图片通稿《柳州：螺蛳粉“工业化”助脱贫》；《经济日报》3月18日刊发《广西柳州：螺蛳粉助脱贫》；央视综合频道8月10日《晚间新闻》播出《广西柳州：螺蛳粉火了　小螺蛳带

▲ 位于大苗山深处的融水苗族自治县拱洞乡龙培村，村民展示她们刚打捞上来的螺蛳。目前螺蛳已经成为当地的致富产业

动脱贫致富路》；央视新闻频道 8 月 11 日播出《广西柳州：小螺蛳带动 4000 多贫困户脱贫增收》；9 月 18 日，《人民日报》在《新农村》版刊发评论《让“网红”产品做成“红火”产业》，结合螺蛳粉带动脱贫产业链盛赞“小小的一碗螺蛳粉，带出了多方共赢的大效益”。另外，《广西日报》、广西电视台等媒体，对螺蛳粉产业链带动脱贫攻坚常态化开展报道。

评论

让“网红”产品做成“红火”产业

螺蛳粉火了！近年来，这种味道独特的地方小吃受到不少人的喜爱，上热搜、进直播间，带来了产品销量大幅提升。数据显示，仅今年上半年，广西柳州螺蛳粉产值就已达 49.8 亿元，产量增加 6 倍，前 8 个月出口突破 2000 万元。

螺蛳粉热销，带旺了整条产业链。在当地，包括大米、竹笋、豆角、木耳等在内的螺蛳粉原材料基地发展起来了。不少种植竹笋、豆角等配料的农户，因为“链”上了这个产业，脱了贫、致了富。此外，产业链下游的食品加工、电子商务等还创造了超过 25 万个就业岗位。小小的一碗螺蛳粉，带出了多方共赢的大效益。

在过去相当长的时间里，螺蛳粉都只是当地街边小店里现场制作的一种小吃。如今它之所以能够穿上漂亮的“外衣”，借助网络的力量“飞”上千家万户的餐桌，其背后离不开当地适应需求侧的变化，将其“产业化、标准化、品牌化、规模化”的发展实践。有关部门既出台扶持政策，也规定生产标准，宽严相济推动产业升级；相关企业成立农业产业化联合体，加强品质管控，共同抵御风险，才有了现在的火爆。

其实，许多地方不乏这样的特色产品。但是，不少特产或是“原字号”，

▲ 柳州市柳北区石碑坪镇留休村白石屯，农民在竹林里将挖出的竹笋摆放整齐

只是经过简单加工，销售半径一直囿于当地，难以扩大，也就难以让当地的乡亲们尝到产业发展的甜头。如何让这些特色产品适应新需求，升级成带富一方百姓的特色产业呢？广西这个地方的做法可以提供一些有益的借鉴，那就是依靠各方合力，把"网红"产品做成"红火"产业。[①]

（四）讲好中国故事，推进对外传播

柳州螺蛳粉俏销海外，已成为讲好中国故事，推进柳州城市形象国际传播的重要载体。柳州借助《人民日报》（海外版）、新华社对外新闻专线、央视中文国际频道、《中国日报》、中新社等外宣平台，对柳州螺蛳粉开展经常

① 朱隽．让"网红"产品做成"红火"产业［N］．人民日报，2020-09-18（18）．

性的对外传播。在海外拥有一千多万“粉丝”的自媒体博主李子柒拍摄的《吃得满足，嗦得过瘾，辣得舒坦，就一碗柳州螺蛳粉》视频，展示了柳州螺蛳粉传统的制作过程，在海外广为传播，李子柒品牌在柳州代工生产的螺蛳粉当时日销达50万袋。2020年，李子柒宣布在柳州投资建设螺蛳粉工厂，将通过柳州螺蛳粉出口推进中国美食与文化传播。2020年8月下旬，国务院新闻办监制，芒果TV、发现（Discovery）探索频道联合制作的职业体验纪实真人秀节目《功夫学徒》到柳州拍摄螺蛳粉，用外国“学徒”体验中国职业的创新形式，讲述螺蛳粉产业发展的故事，节目在40多个国家播出。央视法语频道等也来到柳州进行相关采访报道。

案例1

正面报道如何形成舆论热点
——以2020年前4月螺蛳粉出口量暴涨话题登上微博热搜榜为例

2020年5月14日晚，“央视网”新浪微博账号发起的“2020前4月螺蛳粉出口量暴涨”微博话题登上微博热搜榜，排名一度高居第二。截至5月16日，阅读人次超过3亿，讨论超过3.3万，形成了正面舆论热点。作为这一典型案例的策划推动者，如何通过选题策划将正面报道转化为正面舆论热点，这一案例给我们带来多重启示。

一、“螺蛳粉出口量暴涨”报道形成过程

在2019年初柳州螺蛳粉出口遇阻之后，2020年1月至4月，螺蛳粉出口“井喷”，出口额达31.1万美元，较去年全年增长超过140%。5月4日，笔者从柳州市商务局了解到这一信息，凭着职业敏感，感觉到虽然出口总量不大，但这是在常态化疫情防控之下，我国跨境贸易中的一抹亮色。同时，

柳州螺蛳粉具有较高的关注度和传播力，便决定深入挖掘这一题材。

经过对去年螺蛳粉出口遇阻原因进行深入了解，笔者进一步深化了对这一题材新闻性的认识。用猪骨加螺蛳，配以十余种天然香料用慢火熬制数小时而成的鲜汤，是螺蛳粉美味的主要来源，也是螺蛳粉制作技艺的精髓。然而，从 2019 年初开始，受非洲猪瘟疫情影响，多国暂停或限制进口猪肉及猪肉制品，加之中美贸易摩擦出口美国关税大幅提高，螺蛳粉出口受阻。为破解这一难题，柳州螺蛳粉产业发展领导小组多次研究应对措施，其中重要一项措施就是用牛骨替代猪骨来熬制汤料。经过到兰州等地学习牛骨汤的制作方法，企业实现工艺革新后保持螺蛳粉原有的味道，也有企业采取了别的替代方法。

“用牛骨替代猪骨熬制螺蛳汤”，这一看似不起眼的创新，推动了螺蛳粉出口从遇冷到“井喷”。通过深入采访挖掘到这一新闻“内核”，为“螺蛳粉出口量暴涨”报道增加了深度和厚度。于是，紧紧围绕创新这一“内核”，笔者通过采访螺蛳粉生产企业及柳州市商务局等部门，采写了消息《牛骨替代猪骨熬汤，工艺革新效益凸显——柳州螺蛳粉出口“井喷”》。

一气呵成写完这篇报道之后，笔者感觉意犹未尽：在常态化疫情防控的当下，一些企业、产业正面临着前所未有的危机，如何从危机中寻找转机，是当前的热点、难题话题。而通过工艺上的小小创新，螺蛳粉出口量从遇冷变为“井喷”，不正为身处困境寻求化“危”为“机”之道的企业提供了一个典型案例吗？于是，笔者进一步撰写评论《危困是创新者的机遇》，指出面对新形势、新问题，要准确识变、科学应变、主动求变，用创新捕捉新机遇。

二、正面舆论热点形成和传播的过程

经过推荐，《广西日报》5 月 8 日在头版头条位置刊发消息《柳州螺蛳粉出口“井喷”》；同日，《柳州日报》在头版显著位置刊发这一消息并配发评论《危困是创新者的机遇》。报道刊发后，随即引起人民网、新华网、新浪、网易、广西云、广西新闻网等多家媒体的转载。柳州广播电视台当晚播出《〈广西日报〉头版点赞柳州螺蛳粉出口"井喷"》，并制作抖音，按照《柳州螺蛳粉出口"井喷"》消息报道的文本着手进行电视新闻采访，《中国日报》等媒体记者来电询问细节并表示关注。这一报道掀起了第一波传播热潮，并开始引发连锁反应。

5月11、12日，广西广播电视台《新闻在线》《经济新观察》栏目先后播出由柳州广播电视台上送的电视新闻《柳州：螺蛳粉出口销量暴涨 1—4月出口超去年两倍》。节目播出后，多家视频网站转载，广西广播电视台旗下广西新闻频道微信公众号刊载。相关报道开始在微信公众号、新浪微博传播，影响新媒体舆论。经过广西广播电视台推荐，5月13日下午5时许，中央电视台财经频道《正点财经》播出《广西柳州：前4月螺蛳粉出口量暴涨》，央视网、爱奇艺、好看视频等多家媒体转载；随即，"央视网"新浪微博账号刊播这一视频，并设置话题"2020前4月螺蛳粉出口量暴涨"。

5月14日，主流舆论和新媒体将"螺蛳粉出口量暴涨"消息的传播推向了高潮。当日，《经济日报》刊发评论《危机之中寻转机》，称柳州螺蛳粉一个看似不起眼的工艺"微创新"，推进了出口从受阻到"井喷"，是化"危"为"机"的典型案例，中国经济网、中工网、新浪、搜狐、每日甘肃网等多家网络媒体转载；北京卫视《北京您早》栏目播出《广西柳州：前4月螺蛳粉出口量暴涨 2020年1至4月出口超去年两倍》；广西日报官方微信头条集纳央视等媒体对螺蛳粉出口的报道刊发《螺蛳粉"漂洋过海"，1—4月就卖了这么多！》。当晚9时许，"2020前4月螺蛳粉出口量暴涨"微博话题突然火爆，冲上新浪微博热搜榜，排名高居第二，新浪微博显示该话题当晚近2亿人次阅读。

5月15日，话题继续位居新浪微博热搜榜。与此同时，"财经网""封面新闻""潇湘晨报""BTV特别关注""广州日报"等微博账号关注，36氪等数百家新媒体关注柳州螺蛳粉出口暴涨，抖音、B站、微信公众号一大批自媒体自发刊发螺蛳粉相关信息蹭热度、导流量。至此，新媒体“接棒”掀起关注螺蛳粉的热潮，这一轮舆论热点正式定型。另外，主流媒体也在持续关注这一话题，当日《广西日报》刊发评论《在困局中开辟新格局》，点赞柳州在螺蛳粉产业发展中的创新。

三、推动正面报道形成正面舆论热点的启示

“螺蛳粉出口量暴涨”报道既登上了主流媒体，又深度影响了新媒体舆论，既“正能量”又“有流量”，打通了“两个舆论场”。这一新闻传播实践给正面报道形成正面舆论热点带来了几点启示。

（一）选好传播题材

能够引爆网络舆论的，一定是受网民关注的题材，而柳州螺蛳粉正是长期受到网民关注的题材。作为“网红”，螺蛳粉一直备受舆论关注，自带热点不时产生爆点、众明星“自发代言”蹭热度、自媒体借螺蛳粉刷流量。新冠疫情以来，螺蛳粉热点不断，已超过 10 次登上微博热搜榜，包括《中国新闻周刊》《第一财经日报》《南都周刊》、腾讯《棱镜》等在内的多家媒体刊文分析“螺蛳粉为什么这么火”；5 月 14 日，《人民日报》新媒体与李子柒联名款螺蛳粉发售，引起网络舆论关注。长期以来，柳州重视运用螺蛳粉这张“可食用的城市名片”，积极营造话题，精心策划活动，借助主流外宣平台和新媒体平台，讲好产业故事、品牌故事和城市故事。[①] 正是深度结合螺蛳粉题材做好新闻传播，为本次“螺蛳粉出口量暴涨”新闻报道形成舆论热点打下了基础。

（二）深入挖掘内涵

仅仅借助热点题材传播信息，尚属低层次的新闻传播，达不到借助新闻报道传播城市形象和城市精神的目的。而在此次传播实践中，通过对“用牛

① 李斌，肖潇．用好“可食用的名片”推进城市形象的国际传播：以螺蛳粉推动柳州城市形象建构和对外传播为例［J］．对外传播，2019（11）：65-67.

骨替代猪骨熬制螺蛳汤”这一创新“内核”的挖掘和凸显，表面看传播的是螺蛳粉出口暴涨的信息，实际突出的是通过创新和实干转“危”为“机”。各大媒体在刊发报道时，在导语部分就突出了“创新”。同时，通过评论对“内核”进行了深化和剖析，更加突出了对城市形象和城市精神的传播。例如，《经济日报》在刊发评论中就指出：“在广西工业重镇柳州，许多企业在此次疫情防控过程中抢抓机遇化‘危’为‘机’，也充分展现了不俗的创新力、行动力。”①

（三）要用好新媒体

新媒体的传播，有了好的内容，也要创造好新媒体的传播环境，通过“触网”形成爆发式的传播，从而达到在传统媒体无法企及的传播效果。在本次传播实践中，打好消息、评论、视频等组合拳，充分运用主流媒体以及微博、微信、抖音、B 站等多平台进行全媒体传播，亦是推动此次正面舆论热点形成的重要原因。

（作者李斌，原载于《新闻论坛》2020 年第 4 期，有删改）

案例 2

柳州螺蛳粉“闻臭师”报道“出圈”对新闻舆论工作的启示

2020 年至今，柳州螺蛳粉新闻报道频频形成舆论热点。而其中有关螺蛳粉“闻臭师”的题材，从 2020 年 10 月底被挖掘出来后，对“闻臭师”的新闻报道先后 7 次登上央视荧屏，2 次登上新浪微博热搜榜，新华社、《中国日报》、《工人日报》、香港大公文汇传媒集团以及各大网络媒体争相报道。在前期保持两个多月热度的基础上，其内涵和外延不断被挖掘，直到 2021 年 5 月，媒体仍在不断关注这一题材。

① 李斌．危机之中寻转机［N］．经济日报，2020-05-14（3）．

袋装柳州螺蛳粉从诞生开始，就迅速成为“网红”，热度不断升温。有关柳州螺蛳粉这一题材，包括其“灵魂食材”——酸笋，此前有过许多报道，但能够持续形成舆论热点的并不多。“闻臭师”则在出现后迅速蹿红网络，受到持续不断的关注，在舆论场形成巨大的传播力、影响力。剖析酸笋“闻臭师”报道“出圈”的奥秘，对于在新闻信息极大丰富、“好事不出门坏事传千里”传播特征越来越明显的新舆论环境下，推动正面报道形成舆论热点，有着重要的启示和借鉴意义。

一、“闻臭师”新闻舆论热点简析

2020 年 10 月 27 日，新浪微博账号“每日经济新闻”刊发视频报道《螺蛳粉“闻臭师”日闻 300 吨酸笋》。报道称，“这两年，螺蛳粉占据了方便速食销售量的半壁江山，甚至在柳州当地形成了一条产业带。一种难以描述的新职业诞生了——‘闻臭师’。41 岁的李永国，因为嗅觉灵敏、能迅速辨别酸笋的臭味等级，人称‘金鼻子’，他被一工厂聘用为‘闻臭师’，同时公司为他的鼻子投保 50 万元。每天他的工作就是闻厂里一共 60 缸、300 吨的酸笋。”

“螺蛳粉‘闻臭师’日闻 300 吨酸笋”这一信息出现在舆论场后，迅速受到受众关注，围绕着“闻臭师”这一特殊的职业，以及他高额的收入，形成了热点话题，当天即登上微博热搜榜，仅新浪微博话题的阅读量就达到 2.6 亿人次。另外，各大新媒体平台竞相转载。人民视频、封面视频、广西卫视、浙江卫视、江苏卫视等媒体也随即介入报道。

“闻臭师”的网络热度，很快吸引了中央广播电视总台前来采访，并在“双十一”之前播出相关报道。2020 年 11 月 5 日，央视财经频道《第一时间》用 3 分钟时长报道《李永国：守护螺蛳粉的酸笋“闻臭师”》；11 月 8 日，央视新闻频道《新闻 30 分》播出《广西柳州：酸笋“闻臭师”守护螺蛳粉的“灵魂”》《广西柳州李永国：欢迎大家加入“闻臭师”的行列》，报道还配发编后短评《新兴职业“诱人” 专业要求更高》，系列报道时长长达 5 分钟。相关节目还在央视《新闻直播间》《24 小时》等多个栏目播出。央视的介入，进一步推高了“闻臭师”话题的热度，并为这一话题赋予了正向意义，掀起了又一波传播热潮。

2020 年 11 月 10 日，《中国日报》（国际版）刊发英文报道“‘Golden nose’ sees pickle-smelling skills pay off in Guangxi snack trade”（《柳州螺蛳粉备战“双十一”，职业“闻臭师”职业走俏》）；11 月 18 日，新华社播发图片通稿《闻味识酸笋》；12 月 11 日，《工人日报》版面头条刊发《每天闻 60 缸酸笋，靠鼻子年入 50 万元　网红“闻臭师”守护“灵魂食材”》。2021 年 1 月 8 日，中工网也刊播了原创视频《年薪 50 万的工作，却要与“臭”为伍》。

2020 年 12 月 22 日，央视新闻综合频道《朝闻天下》《新闻直播间》等栏目播出《我的这五年：酸笋“闻臭师”从落魄到年入百万逆风翻盘》，报道柳州螺蛳粉产业带动相关产业发展并诞生新兴职业。对这一题材，央视新闻客户端更是推出了时长 8 分钟的加长版报道。同时，“央视新闻”新浪微博账号设置的话题“螺蛳粉‘闻臭师’年入百万”引发广泛关注，话题再次登上微博热搜榜，阅读量达到 2.4 亿人次。

关于“闻臭师”的重要报道还有：2021 年 2 月 27 日，香港《大公报》刊发大篇幅整版报道《腌制过程考功夫销魂气味讲究多　酸笋“闻臭师”金鼻子年薪 50 万》；3 月 3 日，央视新闻客户端刊发《中国底色丨一个有味道的行业　螺蛳粉“闻臭师”日闻酸笋 400 吨》，在全国两会前用 7 分钟的短片，以柳州螺蛳粉产业发展为例，讲述中国经济发展故事；5 月 5 日，央视综合频道《生活圈》栏目在五一特别节目《不平凡的力量》，用将近 5 分钟播出《“嗅”出生活好滋味》。

二、“闻臭师”报道爆红网络的原因分析

作为柳州螺蛳粉的“灵魂食材”，酸笋的气味是食客对螺蛳粉又爱又恨、

爱恨交织的来源，自柳州螺蛳粉走红网络以来，媒体对酸笋做了不少的报道。但纵观这些报道，单个报道题材产生持续传播力、影响力的并不多，而“闻臭师”出现在舆论场中，却迅速引起了公众关注。“闻臭师”报道“出圈”，原因主要有以下三点。

（一）对职业进行“标签化”概括增强了传播力

在百度百科中输入并搜索“闻臭师”，会自动跳转到“嗅辨员”的词条，其解释是：“嗅辨员主要是用鼻子对臭鸡蛋味、霉腐味、粪臭味甚至异常的香味等进行辨别，划定异味级别，确认是否在规定的异味排放标准内。嗅辨员在国外被称为‘闻臭师’。”在酸笋“闻臭师”报道出现之前，在极少特殊行业存在的“闻臭师”并不被人们所熟知。在这一传播题材中，媒体对酸笋品控人员职业进行“闻臭师”这样恰如其分的标签化，引发了公众的好奇，提高了受众关注度，对其传播力提升起到了巨大的推动作用。

（二）“闻臭师”为螺蛳粉报道打开了小切口

对于火爆全网的柳州螺蛳粉来说，并不缺流量，也不缺媒体关注。特别是 2020 年以来，“宅家经济”引发螺蛳粉爆红，各媒体从不同角度、不同侧面挖掘螺蛳粉爆红背后的秘密。而“闻臭师”这一报道的出现，为螺蛳粉主要原料之一酸笋的生产加工环节打开了一个最引人关注的切口。众所周知，酸笋是柳州螺蛳粉“臭味”的主要来源，而新闻媒体对酸笋的报道长期浮于表面。当一家螺蛳粉企业酸笋生产部门负责人以“闻臭师”的标签出现在公众视野时，立刻引发了公众的兴趣——原来酸笋生产的品控无法靠仪器，主要靠鼻子。“闻臭师”擦亮了新闻眼，小切口的报道带来了兴趣点、新闻点、关注度。

（三）“闻臭师”凸显了“行行出状元”的内涵

李永国通过“闻臭师”这一岗位，年薪有 50 万，另外自己的老本行卖竹笋也有 50 万元左右的年收入，加起来一年收入可达 100 万元。对于一个“打工人”来说，这是让人艳羡的收入，进一步增强了“闻臭师”这一职业的话题性。而李永国长期从事酸笋行业，长期与“臭”相伴，也时常因为身上带着酸笋味而被人嫌弃，也曾一度打算放弃。作为“闻臭师”的李永国，每天要闻60口大缸里的300吨酸笋，凸显了劳动的价值和意义，有着“奋斗者”“追梦人”的时代内涵。李永国在职业上的成功也印证了“三百六十行，行行出状元”这句老话，不论干哪一行，只要热爱本职工作并为之不懈努力，都能做出优异的成绩。正如央视新闻频道在报道李永国时配发的短评《新兴职业“诱人” 专业要求更高》所说：“很多人会说，这些工作吃吃美食、游山玩水就把钱赚到手了。其实，通过我们的了解，往往越是这样的工作，越需要有高标准的专业要求和职业素养，需要付出倍于常人的努力才会得到回报，才能实现‘把爱好做成工作’。”李永国“闻臭师”职业的背后，“行行出状元”内涵引发了很多“打工人”的共鸣，为报道题材注入了许多正能量，也助推了这一话题的传播。

三、“闻臭师”报道“出圈”带来的启示

“闻臭师”报道题材成功“出圈”，对于在新闻舆论工作中如何挖掘报道题材、营造新闻话题，提高新闻舆论传播力、引导力、影响力、公信力有着重要的启示和借鉴意义。

（一）选取典型人物擦亮“新闻眼”

新闻因故事而生动，因人而生辉。在新闻报道中，找到合适的人物进行采访和刻画，是新闻报道从呆板、沉闷走向动感、动人、感人的关键环节。“闻臭师”中的李永国正是酸笋制作技艺中的代表性人物，凭借自己灵敏的鼻子从农村进入城市，成为酸笋品控负责人，获得让普通人羡慕的收入。从家人朋友从不理解到理解再到成为他人榜样的过程中，展现出曲折情节和矛盾冲突，让人物的形象丰满且富有张力，增强了话题的趣味性和可读性，从而提升了新闻报道的传播力。有血有肉的人，更容易吸引受众注意力、引发受众的传播兴趣。因此，在新闻报道特别是正面报道中，找到掌握关键信息、有着生动故事的人，抓人物、挖故事、抠细节，才能把一般的题材变得生动有

趣，才能把厚重的题材演绎得活色生香。

（二）恰当“标签化”增强传播力

新闻报道“标签化”，指的是新闻采编人员在采写、编发新闻的过程中，选取新闻中最具传播力、最具吸引力、最具感染力的元素进行强调。好的“标签”无疑会极大地提高报道的传播力，提高话题性、增加趣味性、增强认知度。对“闻臭师”这一标签的提炼，是这报道题材取得成功的关键。在新闻报道的过程中，可以尽量寻找贴合实际、特征明显、符合特质、区别度高的“标签”对人物或事件进行定义，进而在舆论场中形成独特的符号，留下特定的传播印记，以取得更好的议题设置和新闻传播的效果。但同时要注意的是，“标签”一定要恰当，不能带有性别歧视、种族歧视、地域歧视，不能贬损人格、破坏名誉、侮辱戏谑。

（三）挖掘深层意义增强引导力

对于一个具有传播力的新闻题材，在新闻报道实践中，不仅要抓好“第一落点”，还要深入剖析背后内涵、挖掘深层次意义，抓好“第二落点”，提升正向引导力，从而获得更高的传播效益。在“闻臭师”新闻报道中，媒体对这个职业赋予了时代的内涵，例如在《中国底色丨一个有味道的行业　螺蛳粉“闻臭师”日闻酸笋400吨》报道中，媒体从“2020年面对疫情冲击，中国率先在全球主要经济体中恢复经济正增长”的大背景切入，从“闻臭师”走红这一小切口切入展现出“新时代新格局背景下，一批中小微企业正在蓬勃发展、散发光芒”，进而引申出这是“新时代奋斗中国壮丽画卷中的一抹底色”这一宏大的主题；在央视综合频道《生活圈》栏目五一特别节目《不平凡的力量》播出的《“嗅”出生活好滋味》中，还从“闻臭师”这一特殊的职业，展现不同岗位劳动者在劳动中追逐自己的梦想，展现劳动者的奋斗风采。媒体深挖“闻臭师”这一职业蕴藏的内涵，突出了人物的正向意义，潜移默化地引导人们“追梦”“奋斗”，增强了正向引导力。

（作者李斌、侯琳，原载于《中国地市报人》2022年第3期，有删改）

·第五章·

联动：城市形象借“螺”增“粉”

柳州地处我国西南部，工业总产值常年位列广西第一，但囿于区位、城市体量、经济总量、文化底蕴等多方面因素，城市形象的对外传播存在一定困难，城市知名度长期不高、影响力不强。

从实施“螺蛳粉进京”项目开始，柳州就打开了打造城市形象传播的突破口。柳州螺蛳粉从“现煮堂食”变身“袋装速食”，成为风靡网络的“网红”，并大量出口海外。柳州抓住时机，积极营造话题，精心策划活动，借助主流媒体平台和新媒体平台，讲好产业故事、品牌故事和城市故事，保持了较高的曝光率。柳州螺蛳粉“爆红”网络，一碗气味独特的螺蛳粉在成为柳州独特美食招牌的同时，也成为鲜活的城市符号，帮助柳州通过塑造城市的“媒介形象”，建构和传播城市形象。

一、“顶流网红”柳州螺蛳粉

当代中国与世界研究院发布的《中国国家形象全球调查报告 2018》显示，中餐已经成为海外受访者眼中最能代表中国文化的元素之一。正如兰州拉面之于兰州、“狗不理”包子之于天津、过桥米线之于云南，螺蛳粉已经成为柳州独特的城市符号。俗语说“螺蛳壳里做道场”，柳州就是凭借一小碗螺蛳粉做成了一篇大文章。

追溯螺蛳粉的历史，问世至今已 40 年有余，而其爆红网络、俏销全球却只用了短短四五年时间。它被称为“可以快递的乡愁”，在“互联网 +”营销模式的助推下，远在异国他乡的游子足不出户也能品其滋味、抚慰心灵。袋装螺蛳粉不仅热销国内，而且大量出口美国、加拿大、日本等 20 多个国家和地区。据统计，2022 年预包装柳州螺蛳粉销售收入突破 180 亿元，成为推动供给侧结构性改革的典型案例。

人类的媒介接触，正在从读书、听广播、看电视转向导航，超越了媒介固着于抽象符号系统的限制，开始转向一种直抵生存现实的基础性实践，这极大地拓展了人与媒介关系。① 在当前这个“万物为媒”的时代，网销量巨大的柳州螺蛳粉，无疑也是一个重要的媒介，传播着与之相关的产业、地域文化等。

柳州螺蛳粉独特的传播属性增强了它作为传播媒介的功能。面对柳州螺蛳粉配料之一酸笋的独特气味，消费者形成了又爱又恨或爱恨交织的不同阵营。“吃货”间不断争议，自带的新闻点更是放大了螺蛳粉的话题性，扩大了其传播影响力，在各大互联网平台积累了大量国内外“粉丝”，成为名副其实自带传播力、影响力和号召力的“网红”。

（一）自带热点不时产生爆点

“网红”螺蛳粉的相关信息备受舆论关注。2017 年 7 月 17 日，柳州日报社曾在微博发布一条题为《13 岁女孩赌气离家，从钦州跑到柳州只为嗍碗螺蛳粉》的报道。这原本只是一则普通的社会新闻，但由于“螺蛳粉”字样引发了“人民网”“央视网”“新京报”“钱江晚报”“华西都市报”等微博账号转载，仅“人民网”微博账号转发量就达 7300 多人次，评论数超过 1 万条、阅读点击量达 1700 多万人次。

应该说，柳州螺蛳粉的“网红”特质，从更早之前就已经开始显现。例如，2015 年 4 月，笔者采写的《广西地方名小吃“柳州螺蛳粉”打造百亿元产业》

① 孙玮．媒介导航的数字化生存［J］．国际新闻界，2021，43（11）：6-22.

报道在新华社播发后，随即就在新浪微博引发了热议。

2020年新冠疫情期间，“宅家经济”让柳州螺蛳粉爆红网络，持续形成舆论热点。“为了吃螺蛳粉有多拼”“螺蛳粉的英文名”“广西3万盒螺蛳粉驰援湖北”“全国首家螺蛳粉产业学院揭牌”“柳州螺蛳粉半年产值近50亿元”“螺蛳粉终于对月饼下手”等30多个有关“螺蛳粉”的话题登上新浪微博热搜榜，这些话题仅在新浪微博的阅读量就超过50亿人次。柳州螺蛳粉还获得《人民日报》、新华社、中央广播电视总台等中央主要新闻媒体报道300多篇次，引发媒体广泛转载。柳州螺蛳粉已成为沟通线上线下、大屏小屏互动、打通新媒体和传统媒体“两个舆论场”的舆论热点。

（二）演艺界人士“自发代言”蹭热度

螺蛳粉的“网红”特性，不仅吸引了众多电视综艺节目自发关注，许多演艺界人士还在电视节目中自曝爱吃螺蛳粉。一时间，演艺界人士吃螺蛳粉成了娱乐圈一股风潮，谁吃螺蛳粉谁就“吸粉”。因此也有人戏称：“别的粉是‘网红’带粉，柳州螺蛳粉是粉带‘网红’。”

演艺界人士的“自发代言”使这些节目因螺蛳粉的话题更被国内外观众关注，演艺界人士蹭螺蛳粉的流量也在一定程度上提高了柳州螺蛳粉的公众知名度，增强了螺蛳粉的话题性，为柳州借助螺蛳粉这一特殊名片提高城市知名度和影响力创造了条件。

（三）自媒体借螺蛳粉刷流量

国内外许多自媒体和直播平台借助螺蛳粉吸引粉丝。《日本大胃王》《韩国大胃王》等节目多次直播吃螺蛳粉。2017年，“日本美女大胃王直播吃8公斤螺蛳粉”曾引爆网络。虽然这种“大胃王”的吃播行为在后来受到诟病，但在当时给柳州螺蛳粉带来了一波流量，提升了柳州螺蛳粉的海外知名度。

微信公众号上也经常出现关于螺蛳粉的“爆款”文章，例如《20包螺蛳粉煮完，老板以为厕所炸了》等文章的阅读点击量均破10万人次。2019年8月，在国内外都有较多粉丝的著名美食博主李子柒，拍摄、发布一段关于螺蛳粉的短视频作品，在微博、微信和各大视频平台的点击量达数千万人次，再次推高了柳州螺蛳粉的热度。

二、城市形象借“螺”增“粉”

在移动互联网时代，关注度是稀缺资源，柳州积极用好螺蛳粉带来的流量，运用螺蛳粉这张“可食用的城市名片”，讲好产业故事、城市故事、发展故事，提高城市知名度。

（一）用好热点事件“草船借箭”

融媒体时代信息海量生产，传播非常迅速，要实现传播效果最大化，就要紧密结合热点做好传播。

1. 抓住话题上“热搜”

前文所述关于“韩国网友号召为螺蛳粉申请非遗”成为微博热搜第一名的网传信息，根据研判这信息其实并不真实，但其带来的热度在一定程度上有助于提高螺蛳粉和柳州的知名度。鉴于此，柳州宣传部门指导螺蛳粉协会进行了适当回应，持续推高了话题热度。“韩国网友号召为螺蛳粉申遗”“柳州人谈韩网友为螺蛳粉申遗”“柳州回应螺蛳粉申遗”三个话题先后登上微博热搜榜，微博阅读点击量近4亿人次，发帖量过10万条。对此，《人民日报》、央视新闻、《中国日报》、《环球时报》等数百个微信公众号进行了推送，“梨视频”“我们视频”“北京时间”等视频媒体介入报道，在推特（原Twitter）、脸书（Facebook）等海外社交媒体广泛传播。中国台湾TVBS推出《米粉之乡，小吃背后的百亿产业链》，专题推介柳州螺蛳粉。

就此，笔者也顺势撰写评论《韩国为螺蛳粉“申遗”虽为乌龙　但不妨认真看待这一“申遗提议”》通过广西日报社旗下广西云客户端刊发，进一步引导舆论，提出借鉴“韩国网友”的思路，挖掘和提升螺蛳粉的文化内涵，开发螺蛳粉文创产品，扩大对外宣传力度，进一步打造螺蛳粉饮食文化品牌，推动其成为国家级乃至世界级非物质文化遗产。

2. 精心策划主题活动

柳州以螺蛳粉为切入点，专门设计了螺蛳粉采访报道线路，将柳州工业经济、城市建设发展成果与螺蛳粉产业发展有机融合。在每年举办“柳州国际水上狂欢节”时，同步举办“柳州螺蛳粉美食节”，增强这一特色品牌节庆的话题性、吸引力和传播力。2019 年“三月三”期间，柳州利用满城 27 万株紫荆花盛开的美丽景色，举办了“紫荆花城·醉美柳州”系列活动，策划“花·粉相约”活动，突出紫荆花和螺蛳粉两张独特的城市名片，达到了“1+1>2”的传播效果。

3. 抓住节点营造热点

柳州螺蛳粉重要的节点性是实现“大流量”的关键点，例如柳州螺蛳粉出口增长、袋装柳州螺蛳粉销售收入破百亿等，抓住这些重要节点，向舆论场供给信息，往往可以实现“大传播”。

例如，2021 年 11 月，柳州日报社根据前一年柳州螺蛳粉寄递量数据和当年柳州螺蛳粉增长情况数据，预判 2021 年柳州螺蛳粉年寄递量将会过亿件，于是提前谋划，精心准备，跟踪数据，在第一时间通过全媒体独家推出《100000138 件！柳州螺蛳粉成为广西首个年寄递量过亿产品》融媒体消息。该报道在柳州日报社全媒体平台首发后，迅速被人民网、新华网等主流网络媒体转载；新华社据此播发中英文消息并在新华社旗下多平台刊载，得到广泛采用；《人民日报》（海外版）、央视新闻客户端、《广西日报》、广西卫视《广西新闻》栏目均采用柳州日报社文字或视频素材刊发相关消息；“人民网”“央视财经”的微博账号设置的话题先后登上新浪微博热搜榜。据柳州日报社舆情监测系统显示，2021 年 11 月 29 日至 12 月 7 日，互联网上共出现相关信息 5971 条、网络总浏览量近 2 亿人次。

▲ 在中通快递柳州转运中心出港仓，工人把自动化分拣的柳州螺蛳粉打包准备外运

报道

100000138件！柳州螺蛳粉成为广西首个年寄递量过亿产品

袋装柳州螺蛳粉年寄递量首次突破1亿件，成为广西首个年寄递量过亿的单类产品。据市邮政管理局统计，截至11月28日，今年通过快递渠道寄出的袋装柳州螺蛳粉达到100000138件，寄递业务收入达2.75亿元。

袋装柳州螺蛳粉自2014年底诞生以来，在“互联网＋快递”的推动下已成为俏销全球的“网红”食品。今年1月至10月，我市袋装柳州螺蛳粉实现销售收入125.77亿元，同比增长44.12%；柳州海关监管出口的柳州螺蛳粉167批，出口额约3500万元，出口额同比增长42.8%。

“袋装柳州螺蛳粉产业快速发展，极大地拉动了我市快递业的增长，从我市发出的螺蛳粉快件目前占快递寄出业务量的六成。”市邮政管理局副局长说，今年“双11”快递业务旺季期间，全市共揽收快件771.7万件，其中螺蛳粉快件超过600万件，占比已接近80%。

市邮政管理局提供的数据显示，袋装柳州螺蛳粉寄递量近年来增长迅猛：2017年突破2000万件；2018年和2019年分别是2266万件和3198万件；2020年，在新冠疫情影响下，袋装柳州螺蛳粉销量爆发式增长，寄递量达到7763.8万件。

在中通快递柳州转运中心出港仓，一箱箱印着“柳州螺蛳粉”标识的包裹，在传送带上快速通过自动化五面读码机，经过全自动分拣发往全国乃至世界各地。

“今年‘双11’期间出港快件单日最高达到25万件，其中九成是柳州螺蛳粉。”中通快递柳州转运中心综合部经理孙康丽告诉记者，公司平时每天出港快件约10万件，其中柳州螺蛳粉占80%以上。而在2014年，公司每天出港快件只有2000件左右。

习近平总书记今年4月考察柳州螺蛳粉生产集聚区时，对柳州螺蛳粉从“小米粉”发展成“大产业”连称“惊奇”。牢记总书记嘱托，我市正精准发力进一步推动螺蛳粉产业标准化、品牌化发展，提升快递物流业对螺蛳粉产业发展的支撑能力是其中一个重要方面。目前，我市正规划建设占地超过3000亩的柳州空港物流产业园，已签约顺丰速运、京东物流等大型物流企业。本月上旬，我市“精准发力推动螺蛳粉产业快速发展”作为国务院第八次大督查发现的典型经验做法，获国务院办公厅通报表扬。

国家邮政局局长马军胜日前在柳州调研螺蛳粉快递服务后表示，快递企业要利用自身优势加强和螺蛳粉企业的协作，扩大服务品类，拓展服务空间，支持柳州螺蛳粉产业做大做强。

（作者李斌、黎寒池、帅君，原载于2021年11月29日“柳州1号”客户端，有删改。该消息获2021年度广西新闻奖一等奖）

（二）依托主流媒体平台“借船出海”

柳州积极策划、营造热点、组织报道，借用新华社、《人民日报》（海外版）、央视国际频道、《中国日报》、中新社等主流媒体的外宣平台，通过“一碗粉”向世界讲述发生在柳州的中国故事。

1. 立足城市自身特色，讲好产业故事

通过螺蛳粉产业发展壮大的过程，讲述柳州人民在习近平新时代中国特色社会主义思想指引下，艰苦奋斗，立足城市自身资源，积极构建田螺养殖、腐竹加工、酸笋生产等螺蛳粉产业链，带动推进第一、第二、第三产业融合发展；制定行业标准、申请国家地理标志产品、建立食品安全检测中心等工业化手段，加强品牌建设，向世界介绍中国民族产业的发展经验。2018年12月3日，在广西壮族自治区成立60周年之际，央视国际频道播发《柳州：一碗螺蛳粉撬动亿元大产值》的报道，通过5分钟直播，点赞柳州螺蛳粉产业发展；2018年8月14日，央视财经频道播出《一碗螺蛳粉的生意经　广西：一碗七块五的螺蛳粉如何撬动三十亿元产值？》等报道引发热议；2018年11月16日，《中国日报》刊发通讯“‘smelly’ noodles now come in a package”（“臭”米粉有带包装的了），报道柳州螺蛳粉成为“网红”俏销全球的有趣故事。这些报道通过推介螺蛳粉声名鹊起的幕后故事及柳州相关部门推动产业发展的过程，讲述了中国美食加快发展、走向世界的故事。新华社播发的题为《中国壮乡名小吃“柳州螺蛳粉”形成产业漂洋过海》、中新社的《中国“网红”小吃螺蛳粉走俏致螺蛳供不应求》《螺蛳粉成食客舌尖“新宠”发源地广西柳州江河湖田养螺蛳》等中英文报道，先后被澳大利亚《澳洲新报》、中国澳门《华侨报》、泰国《世界日报》《星暹日报》、巴西《南美侨报》等多家媒体采用。

2. 擦亮地方文化名片，讲好城市故事

在大外宣格局下，地方具有独特的国际传播优势。展示地方文化名片，塑造城市品牌形象，有利于共同讲好中国的城市故事，更加全面、立体地展示中国国家形象。柳州巧用螺蛳粉自带的“网红”流量，在对本地文化、旅游的宣传中引导媒体融入螺蛳粉元素，增强关注度和吸引力。2018 年 12 月 7 日，《人民日报》(海外版)刊发题为《一碗螺蛳粉带火柳州城》的报道，文中从美味的螺蛳粉切入，进而阐述柳州的历史：“柳州是中国境内考古发现最早食螺的地方。”文中还进一步讲到了螺蛳粉的发展和柳州螺蛳粉饮食文化博物馆等具有浓郁柳州特色的旅游资源，文中写道：“随着袋装螺蛳粉的问世，螺蛳粉从街头小店走进工业园，实现工业化生产，并成为‘网红美食’。”“螺蛳粉与旅游融合，成为旅游吸引物、旅游纪念品。”[①] 这篇报道从多个层面讲述了具有地域特色的柳州故事，也展示出中国地大物博、城市多样、文化丰富的良好形象。《香港商报》刊发《柳州：山水工业城螺蛳粉飘香》，从螺蛳粉切入，对柳州市的风土人情、地理文化进行了深度报道。

3. 宣介改革开放成就，讲好发展故事

螺蛳粉产业发展的背后融汇了柳州城市的发展历史，而这恰能反映出改革开放以来我国的巨大变迁。2018 年 11 月 30 日，《中国日报》刊发“Chain tastes success with noodles”(连锁米粉店的成功)，报道了改革开放与一家名叫“爱民”的螺蛳粉小店的故事，生动折射出改革开放以来柳州城市和人民生活发生的天翻地覆的变化；2018 年 12 月 26 日，中国香港《大公报》以三分之二版面推出了《排档小吃远销欧美　变身电商网红——柳州螺蛳粉成长的秘密》，深度报道了柳州螺蛳粉与改革开放的故事，向世界展示了一个经济快速发展的中国形象。

① 赵珊. 一碗螺蛳粉带火柳州城 [N]. 人民日报(海外版)，2018-12-07(12).

三、因“一碗粉”来“一座城”

舆论持续关注，助推了螺蛳粉的走红，进而让柳州成了众多游客青睐的城市。

如今，若要评选年轻人心目中的“国民美食”，柳州螺蛳粉一定榜上有名。百度基于搜索大数据发布的《2021 国潮骄傲搜索大数据》显示，螺蛳粉、武汉热干面、长沙臭豆腐位居“年度国潮味道”前三位。第一财经商业数据中心发布的《2021 螺蛳粉行业发展白皮书》显示，受新冠疫情影响，“宅经济”崛起，螺蛳粉已经成为线上最热速食。

新冠疫情过后，人们突然发现，三年间柳州螺蛳粉积累的“粉丝”变成了柳州的游客。2023 年春节过后，位于柳州市五星步行街旁的一个消防栓突然火了！在周五、周六的晚上，不少青年男女在消防栓前排队“打卡”。当一个人如愿以偿“占领”到这个消防栓，便招呼同伴前来拍照。占据有利地形的人或坐、或倚靠在这个消防栓旁，另一人则把手机紧贴地面，用仰拍视角拍摄同伴与建筑物在一起的高大威武的形象。

在社交平台上，这是被奉为能拍出最炫酷的“柳州三件套”都市大片的最佳拍摄角度，并附有各种拍摄教程。在短视频社交平台上，“柳州三件套”是柳州本地视频作品中，出现频率和讨论热度都比较高的话题。据说这借鉴了上海陆家嘴的“魔都三件套”，并且“柳州三件套”与“魔都三件套”一样，都蕴含了各自城市最具代表性的建筑元素，呈现出不一样的现代都市高级感。因此，许多游客来到柳州，都会慕名找到这个消防栓“打卡”，并且拍摄一组与“柳州三件套”同框的炫酷照片发朋友圈。

随着游客增多，柳州许多“宝藏打卡点”也被挖掘出来，“柳州三件套”只是其中之一。柳江上已有 80 多年历史的柳江铁桥，也“被迫营业”，成了游客拍照的“背景板”；可以 3 元游览柳江的柳州“水上公交”也火了，高峰期排队登船的游客排起了一两百米长的队伍。

▲ 水上公交船在柳江上行进

甚至柳州的一些交通信号灯也火了！因为当信号灯变绿时，呈现出一个人走路的样子，随着绿灯时间临近结束，信号灯会呈现出人走路步伐越来越快，提示行人加紧脚步过斑马线。没想到，这个场景被游客拍摄发布到视频平台后，这个信号灯也火了。不少柳州人还纳闷：难道只有柳州的交通信号灯是这样？

柳州红得不走寻常路。进入 2023 年 4 月，柳州人惊奇地发现，在社交平台上柳州又一“新奇玩意儿”被游客发掘——会发光变色的“蝴蝶”垃圾桶。这种双桶垃圾桶上面有一只大蝴蝶的形象，夜晚可以发光并变换颜色。不少来柳州游玩的游客发现这很新奇，不少人在垃圾桶旁拍照留念，成了新兴的“打卡”物。

更火爆的是柳州市区南面的马鞍山，由于在山顶的观景平台可以看到柳州“一水绕城流”的柳州市区概貌，傍晚在山顶还可以俯瞰柳州城市景观灯集体亮起的瞬间，被游客奉为柳州必“打卡”的景点。上山有两条路径，一是从山门走步道拾级而上，用时 20 多分钟竖直爬 170 多米到达山顶；二是花 20 元买票进入山门旁的人防工程，坐山体内的竖井电梯，仅需 48 秒即可从山脚到达山顶。每天，都有许多人通过这两种方式排队上山，在山脚排队的队伍有时长达上百米。

▼ 2023 年 4 月 30 日傍晚时分，大批游客在柳州市马鞍山公园里排队爬山

“生活中不是缺少美，而是缺少发现美的眼睛。”可以说，是柳州螺蛳粉的“粉丝”们的慧眼和智慧，发现了柳州、塑造了柳州、传播了柳州。现在，甚至有不少柳州人拿着网友制作的“打卡攻略”，重新认识柳州、“打卡”柳州。

生活在柳州，原本只是柳州人民的“小确幸”，而今已在网上放大成为让全国人民艳羡的“大幸福”，柳州也因此成了人们争相前来“打卡”、探秘的“网红城市”。

最火爆的还是各大“网红”螺蛳粉店。每天，西环路的西环肥仔螺蛳粉店、跃进路的凤张螺蛳粉店、潭中西路北一巷的阿柠檬螺蛳粉店、雅儒路的娇姐螺蛳粉店，甚至远在市郊太阳村镇的天桥螺蛳粉店，都有不少天南海北的食客慕名赶来“打卡”。每逢节假日，游客打着“飞的”来到柳州，拖着拉杆箱排队嗍粉，成为柳州街头独特一景。

人们排队“嗍粉”的景象在2023年春节后更加频繁出现，“排队两小时，嗍粉五分钟”变成了一些“网红店”的常态。甚至胜利烧烤城、青云菜市这些以往本地人才去的市场，也被游客“攻陷”了。

游客在柳州螺蛳粉产业园的螺蛳粉企业生产车间里参观

2023 年 4 月 28 日，“澎湃 · 美数课”称，据 2023 年“五一”期间酒店预订量 Top 50 城市榜单显示，较 2019 年同期增幅最大的前三名皆为三四线城市。大众挖掘小众旅游“打卡”地的热情进一步释放，红利覆盖三四线城市。其中，柳州 2023 年“五一”期间酒店预订量较 2019 年增长超 7 倍，增幅达到 800%，仅次于山东威海，位列全国第二，成为大众最爱挖掘的宝藏城市之一。[①]

其实，柳州螺蛳粉不仅带火了柳州旅游，线上话题热度不减，线下柳州螺蛳粉实体店在 2023 年也异军突起。饿了么平台数据显示，目前全国柳州螺蛳粉餐饮门店超 4 万家，其中两广地区柳州螺蛳粉餐饮外卖门店集中度较高，占比超过 40%。全国范围和区域范围的柳州螺蛳粉餐饮品牌仍有发展空间。每一家挂着“柳州螺蛳粉”招牌的门店，都是柳州城市的一个活广告。通过袋装柳州螺蛳粉流量的带动，柳州真正实现了当年实施“螺蛳粉进京”项目所预期的成效，柳州螺蛳粉门店在神州大地遍地开花。

柳州螺蛳粉餐饮行业快速增长，从袋装到餐饮行业发展，柳州螺蛳粉正为逐步走向全国、走向全球的地域美食打造高质量发展的范本。2023 年 6 月，柳州市螺蛳粉产业发展中心、柳州市螺蛳粉协会、饿了么、广西微念实业有限公司达成战略合作，共同研制《柳州螺蛳粉餐饮外卖行业通用规范》，进一步促进柳州螺蛳粉餐饮行业品质化、品牌化、标准化、连锁化发展。

这一切都表明，柳州借“螺”增“粉”真正实现了“出圈”！

① 大数据解读 / 游客潮将强势回归，今年五一出行有何不同？[EB/OL].（2023-04-28）[2023-12-01].https：//www.thepaper.cn/newsDetail_forward_22816234.

案例

地市报打造融媒体“爆款”产品的路径及启示
——以柳州日报社“柳州螺蛳粉年寄递量过亿”影响力报道为例

2021年11月29日，柳州日报社“柳州1号”客户端推出文字和视频消息《1号首发 | 100000138件！柳州螺蛳粉成为广西首个年寄递量过亿产品》。该报道在柳州日报社全媒体平台首发后，迅速被人民网、新华网等主流网络媒体转载；新华社据此播发中英文消息并在新华社旗下多平台刊载，得到广泛采用;《人民日报》海外版、央视新闻客户端、《广西日报》头版、广西卫视《广西新闻》栏目均采用柳州日报社文字或视频素材刊发相关消息;“人民网”“央视财经”微博账号设置的话题先后登上新浪微博热搜榜。据柳州日报社舆情监测系统显示，2021年11月29日至12月7日，互联网上共出现相关信息5971条，网络总浏览量近2亿人次。

这一融媒体产品的传播力突破了地市级媒体传播力的“天花板”，形成影响全网的“爆款”。本文通过解析这一影响力报道的形成过程，为地市报提高新闻舆论传播力、引导力、影响力、公信力，巩固壮大主流思想舆论提供可借鉴、可复制的经验。

一、经营题材，全媒发力做到新闻首发

在新媒体时代，信息的传播速度更加快捷、呈现方式日趋多样，受众的关注点日益多元，分众化、差异化的新传播格局要求新闻媒体要不断推动传播手段创新，才能更好地实现新闻作品广泛传播。在信息产能已然过剩的今天，发现并经营好传播题材是生产“爆款”产品的关键一环。

（一）预判热点，紧盯数据

习近平总书记2021年4月考察柳州螺蛳粉生产集聚区时，对柳州螺蛳粉

从“小米粉”发展成“大产业”连称“惊奇”。关于柳州螺蛳粉的题材，近年来一直是热点，在第三十一届中国新闻奖评选结果中，就有2件柳州螺蛳粉题材获奖。

然而，就柳州螺蛳粉产业发展本身来说，2020年，袋装柳州螺蛳粉年销售收入突破100亿元，2021年全年并无重要的节点性信息。如何结合落实习近平总书记考察柳州螺蛳粉产业的重要指示精神，挖掘重要信息进行新闻传播，考验着新闻人。

在寻找传播题材的过程中，笔者在2021年10月中旬注意到“2020年柳州螺蛳粉寄递量达到7763.8万件”这则信息。同时，根据已掌握的情况，2021年柳州螺蛳粉销量保持40%左右的增长。两个数据结合在一起，笔者立即意识到2021年柳州螺蛳粉的寄递量很可能突破1亿件。那么，这是柳州螺蛳粉产业发展中一个重要的里程碑事件，也是一个具有重要价值的新闻传播题材。

为此，笔者立即询问柳州邮政管理局的跑口记者：与邮政管理局是否有良好的关系？是否能及时拿到相关数据？是否能说服对方给我们提供独家消息？跑口记者很快给出了肯定的答复，并了解到当时柳州螺蛳粉的寄递量已近8000万件，初步预计“双11”网络销售高峰期寄递量有望突破1亿件。

（二）预制稿件，反复打磨

确定关注这一题材之后，柳州日报社成立由文字、摄影、视频记者组成的报道小组，并在保密状态下开展相关素材采集工作，并由笔者主笔以“柳州螺蛳粉年寄递量首破1亿件”为题预制消息稿件。

柳州螺蛳粉的寄递量是否是广西第一？历年寄递量变化数据如何？螺蛳粉寄递量占柳州快件总寄递量的几成？这些核心问题得到相关部门的答复后，记者到现场对快递企业进行采访。

在预制稿件的过程中，不断有新的信息汇入。例如，2021年11月初，柳州市因“精准发力推动螺蛳粉产业快速发展”作为国务院第八次大督查发现的典型经验做法获国务院办公厅通报表扬；国家邮政局局长到柳州调研柳州螺蛳粉产业，并对快递业服务螺蛳粉产业发展提出要求。这些都是增加消息厚度的重要信息，也融入了文字消息中。

到“双 11”期间，预制稿经过修改近 10 次后已基本成型。为成功推出这一报道，跑口记者积极跟进。由于“双 11”期间寄递量增幅大，需要时刻关注邮政管理局统计以免错过最佳时效。

（三）核准稿件，全媒发布

2021 年 11 月 29 日上午 11 时许，跑口记者获悉，根据统计，截至 11 月 28 日柳州螺蛳粉寄递量已经过亿件！信息到来之时，最紧张的时刻也到来了。

文字稿件需要根据最新情况进行打磨，视频素材在前期预制稿的基础上还要增加现场出镜等内容。报社预计在晚上 10 时后可以发稿。

但后期的工作并不顺利，多个细节问题在最后发稿环节才暴露出来算是有惊无险。例如，内文准确表述应该是“双十一”还是“双 11”？最终参照《人民日报》的表述采用“双 11”提法。再例如，在反复核对好内文准备发稿时，发现标题中缺少一个“为”字，不禁吓出了一身冷汗。

经过和每一处文字“搏斗”，客户端稿件在晚上 11 时 32 分发出，微信版稿件在 11 时 58 分发出，稿件是同时配了视频和动图的融媒体产品。第二天，文字消息在《柳州日报》《柳州晚报》显著位置见报，视频改造制作成抖音等形式传播，美编还借势推出“漫说柳州”漫画作品《柳州螺蛳粉的“前世今生”》，并制作客户端开机页面。此后，摄影记者还在报纸推出视觉专版。

柳州日报社全媒体平台协同发力，对这一报道题材实现多形式、多平台的全媒传播，网络消息、视频报道、报纸消息全部实现首发。

二、全网推送，借梯登高实现全网传播

柳州螺蛳粉是柳州重要的城市名片，也是柳州城市形象宣传的重要题材。

对于这样的好题材，仅仅“墙内开花”是远远不够的，还要墙内、墙外都要“开花”、都要“香”，需要通过一系列的推动实现广泛而深入的传播。

（一）推送稿件，广泛供稿

在“柳州 1 号”客户端首发报道后，笔者立即将链接转到微信“朋友圈”。由于之前的工作经历，微信“朋友圈”中有不少上级媒体的朋友，在 2020 年也曾通过这些途径推动“2020 年前 4 月螺蛳粉出口量暴涨”话题成为全网热点。当消息发出后，立即就有媒体朋友联系转载稿件，最早转载这一消息的中央媒体是人民网，稿件在 2021 年 11 月 30 日凌晨 1 时 6 分发出。人民日报社旗下传播平台对此稿件非常重视，《人民日报》客户端、人民网微信、“人民网”微博账号等终端广泛推介，并在人民网总网首页展示，还翻译成英文向海外传播。

同时，柳州日报社又与新华社、中央广播电视总台、《光明日报》、《经济日报》、《中国日报》等主流媒体联系。新华社在官方微博引用此报道后，又播发了中文通稿、图片通稿和英文对外稿；中央广播电视总台“央视新闻”客户端、广西广播电视台《广西新闻》栏目采用柳州日报社提供的视频素材制作并推出视频报道；《广西日报》在头版显著位置刊发柳州日报社提供的文字报道。

经过广泛推送稿件，到 2021 年 11 月 30 日中午，这一报道形成全网热点，呈现“刷屏”效应。“人民网”微博账号设置的话题“广西首个年寄递量过亿产品是螺蛳粉”登上新浪微博热搜榜，推进话题进一步传播。

（二）引爆全网，形成“爆款”

柳州日报社旗下“柳州 1 号”舆情数据中心监测数据显示，2021 年 11 月 29 日至 12 月 7 日，互联网上共监测到“柳州螺蛳粉年寄递量过亿”相关信息 5971 条。全网声量最高峰出现在 11 月 30 日，共产生 2706 篇相关信息。

从信息分布情况看，微博是主要的传播平台，共 3678 条（占比 61.0%）；其次是网媒，有 1171 条（占比 19.61%）；接下来分别是客户端 555 条（占比

9.29%）、微信 324 条（占比 5.43%）、小视频 145 条（占比 2.43%）、论坛 41 条（占比 0.69%）、网络视频 25 条（占比 0.42%）、其他 21 条（占比 0.35%）、报刊 11 条（占比 0.18%）。共有 35 家新闻媒体参与报道，共有 9 家中央级媒体参与报道，占比 25.71%；地方媒体 16 家，占比 45.71%；其他媒体 10 家，占比 28.57%。其中，人民日报社旗下平台发稿 11 条、新华社相关平台发稿 7 条，中央广播电视总台和中新社各发稿 5 条。

在新浪微博上，新华社、人民网、广西日报社等权威媒体分别主持开设话题："袋装柳州螺蛳粉年寄递量突破 1 亿件""广西首个年寄递量过亿产品是螺蛳粉""柳州螺蛳粉成为广西首个年寄递量过亿产品"。其中，人民网开设的话题"广西首个年寄递量过亿产品是螺蛳粉"阅读量达 631 万人次，37 个微博账号参与发布。

2021 年 12 月 5 日，中央广播电视总台财经节目中心大型融媒体活动"百年百城"走进柳州，"央视财经"新浪微博账号上发起"柳州一年寄出螺蛳粉过亿件"讨论，再次将话题推上热搜榜，话题浏览量超过 7100 万人次，49 个新浪微博账号参与发布。此外，微信公众号"央视财经"推文《这种小吃卖爆了，全国各地游客涌向广西！一座城市实体店卖出 100 亿元！快递发出 1 亿件！什么这么"香"？》，阅读量超过 10 万人次。

（三）二次传播，扩大影响

在柳州市委宣传部的部署下，柳州各县级融媒体中心和重要的政务新媒体平台纷纷转载"柳州 1 号"客户端刊发的《柳州螺蛳粉年寄递量过亿》消息，让市民充分了解柳州螺蛳粉发展史上这一里程碑事件。

2021 年 11 月 30 日晚，原文照搬《柳州日报》头版标题制作的广告"柳州螺蛳粉成为广西首个年寄递量过亿产品"在柳州市区地标楼宇亮起。柳州日报社立即拍摄并制作小视频《柳州，为它点亮》在抖音、微信视频号等新媒体平台传播，进一步扩大报道的影响力。

2021 年 12 月 1 日，针对各大媒体纷纷转载和关注这一新闻报道的情况，柳州日报社对重要报道进行梳理和集纳，以《柳报首发“引爆”全网超 100 家媒体转载关注》为题制作短视频等融媒体产品，在报社各新媒体终端展示，并得到柳州市委外宣办微信公众号“画卷柳州”等政务新媒体转载。对市外媒体相关报道进行二次传播的过程，实际也是对报社的影响力、传播力进行自我宣传，提高了柳州日报社的影响力、公信力。

除此之外，报社旗下“柳州 1 号”舆情数据中心还通过《柳州日报》的《舆情观察》栏目和报社相关新媒体平台发布《超 1 亿人次关注！柳州螺蛳粉续写柳州惊奇！》，通过对监测数据进行发布和分析，进一步展示这次报道的成果。

三、“爆款”融媒体产品带来的经验与启示

从舆情监测数据可以看出，《柳州螺蛳粉年寄递量过亿》这一报道形成“现象级”的传播。这一“爆款”融媒体产品统筹了线上线下、内宣外宣资源，实现了传统媒体与新兴媒体融合互动，让地市报的融媒体产品产生覆盖全国、影响世界的影响力。这一影响力报道的形成，对推动媒体深度融合带来三个方面的经验与启示。

（一）选好传播题材，预判热点

新闻产品层出不穷，信息海量传播，而受众的时间和精力是有限的，只能选择感兴趣的话题进行关注。在以“媒体为中心”转向“以话题为中心”的趋势下，不能形成话题的信息即便得到刊登，往往也是关注者寥寥，在信息海洋中趋近于无效传播。通常，地方党报习惯做“宣传”而不习惯做“传播”，其结果很可能是有“宣”无“传”。而要把一个新闻题材做成热点和爆款，必须挖出其中的新闻点、引爆点，从而实现正面报道的广泛传播。

柳州螺蛳粉是美食界的顶流“网红”，与其相关的话题自带流量。只要抓住这个题材的节点性事件做好报道，是可以预判会成为舆论热点的，这是新闻人应当具备的新闻敏感性。“柳州螺蛳粉寄递量过亿”这一爆款融媒体产品

的形成，正是看准传播题材、用好传播手段形成的。

这一报道不仅形成网络热点，还引起相关部门的高度关注。国家邮政局局长看到“柳州 1 号”客户端首发的报道后给柳州发来信息：“很好！祝贺！这是一个伟大的里程碑！”

（二）坚持移动优先，用好全媒

地方媒体遇上一个好题材不容易，必须运用全媒体传播手段经营好，对传播题材“吃干榨净”，形成丰富的传播产品，努力实现最广泛、最深入的传播。纵观这一报道，柳州日报社坚持“移动优先”策略，让优质的内容借助移动传播，快速形成影响力。在报道中，用文字、图片、视频、漫画等呈现形式，调动报纸、客户端、微信公众号、抖音、微信视频号等全媒体传播平台，同时还融通上级媒体、县级融媒体中心和政务微信公众号，实现多媒体、跨平台、广覆盖的传播。

坚持“移动优先”，通过充分借助移动传播手段，打通并用好同群众信息交流的新渠道，适应网络、报纸、大屏、小屏不同的需求提供多形态的产品，是主流媒体面对新兴媒体冲击，推动媒体融合发展的必然选择。由于柳州日报社首发即推出丰富的全媒体产品，几乎没有留给同城竞媒发挥的空间，在这一题材的传播中形成独家影响力。

（三）善于借力发力，全网传播

提高新闻作品的传播力、影响力，重要的一步是要向上融通，打破地方媒体传播的“天花板”，这样才能形成广泛的影响力。在“柳州螺蛳粉年寄递量过亿”这一影响力报道的形成过程中，柳州日报社充分利用与上级媒体良好的合作关系，积极推荐优质稿件，借力发力、借梯登高，是报道形成巨大影响力的重要一环。

在推进媒体深度融合的过程中，不仅要实现内部融合，还要推进外部融合。外部融合一方面要向上融通，也就是利用上级媒体扩大报社报道的声量，让信息传得开、传得响、传得远；另一方面也要向下整合，整合县级融媒体中心和政务微信公众号的优质内容和传播渠道，拓展报道题材的来源，扩大报道在本地的影响力。

［作者李斌，原载于《新闻潮》2022 年第 1 期，有删改。本文获 2022 年度城市党报新闻论文（论著）优秀作品一等奖；同题案例获广西壮族自治区党委宣传部表彰为 2021 年度全区宣传工作“创新工作案例”］

第六章

出海：“有味道的中国名片”

一直以来，美食是传播中华文化的重要载体。中国食文化研究会会长洪嵘曾表示，“美食是国际传播的最好载体。”“入口的美味可以绕开语言障碍，而中国食文化的传播对于社会和谐发展起到不小的助推作用。”[①] 俏销全球的柳州螺蛳粉，正是讲好中国故事、传播中国声音的重要载体，让发生在柳州的故事具有了全球传播力。柳州螺蛳粉，如今不仅是柳州“有味道的城市名片”，还成了“有味道的中国名片”，向世界讲述着“有味道的”中国故事。

一、“一碗粉”讲述“有味道的”中国故事

柳州螺蛳粉的爆红，让世界领略了令人惊奇的中国味道。2014 年底第一家袋装螺蛳粉企业诞生，经过 6 年多发展，到 2020 年袋装柳州螺蛳粉年销售收入超百亿元人民币，产品远销 20 多个国家和地区，“小米粉”变身“国际产业”。柳州螺蛳粉的出口，成为讲好柳州故事、生动传播我国饮食文化的成功案例。

（一）“有味道的中国名片”直达海外受众餐桌

传播中华饮食文化，讲好中国故事，最直接、最有效的方法之一是让外国朋友吃上原汁原味的柳州螺蛳粉。把米粉和螺蛳汤结合起来制作螺蛳粉，是柳州民间的一大创造。柳州螺蛳粉是 20

① 中国食文化研究会会长洪嵘：美食是国际传播的最好载体［EB/OL］.（2019-05-14）［2023-12-02］. https：//travel.ifeng.com/c/7mfyPMjfDNo.

世纪70年代末80年代初诞生在柳州街头夜宵摊的大众美食，2008年“柳州螺蛳粉手工制作技艺”入选广西壮族自治区第二批自治区级非物质文化遗产名录。从2011年开始，柳州选定柳州螺蛳粉打造城市名片，通过实施“螺蛳粉进京”项目，策划推出“天下第一锅万人同品螺蛳粉”“制作1580米的史上最长螺蛳粉”等一系列的活动营造传播话题，提升其知名度。

袋装柳州螺蛳粉诞生后，很快受到海外受众欢迎，作为出口食品传播着中华饮食文化。2016年12月8日，第一家袋装柳州螺蛳粉生产企业获得出口资质；2017年1月13日，首批共计5万包柳州螺蛳粉通过中国海关手续出口美国。柳州多措并举，提升螺蛳粉的品质、海外销售能力，海外市场迅速打开。2018年，柳州申请获得“柳州螺蛳粉”国家地理标志证明商标，从而实现了“柳州螺蛳粉只能柳州造”，使每一包外销的柳州螺蛳粉都成为一张宣传柳州城市形象、传播中华文化的名片。作为直接面对广大受众的快速消费品，柳州螺蛳粉依靠消费者高频次的重复购买，形成了规模庞大的销量，产品本身对提升柳州知名度产生了巨大的推动作用。据统计，2022年袋装柳州螺蛳粉实现销售收入181.8亿元。目前，柳州螺蛳粉的日产量已超过700万袋，这使得柳州螺蛳粉这张城市名片有了广泛的覆盖面。

2023年，柳州海关完成袋装柳州螺蛳粉出口货值超过1亿元，柳州螺蛳粉的“粉丝圈”遍布28个国家和地区。可以说，柳州每天向世界各地快递数百万张城市名片，其中不少到了境外成了“有味道的中国名片”，生动传播着独具中国特色的饮食文化。

而今，无论是美国纽约、法国巴黎，还是意大利米兰，走进华人聚集度较高地区的超市，都能见到货架上有螺蛳粉在售卖。美国、日本、加拿大、澳大利亚等许多国家都有螺蛳粉门店。2017年，“螺状元”螺蛳粉门店进驻了美国纽约的法拉盛美食广场（Flushing Food Plaza）、纽约布鲁克林的日落公园（Sunset Park）。随着柳州螺蛳粉的持续火爆，更多螺蛳粉门店正在海外陆续开设，为海外民众了解和感受中华美食、中国文化打开了一扇重要的窗口。

（二）挖掘传播价值讲好中国故事

要讲好中国故事，传播好中国声音，对传播价值的挖掘尤为重要。柳州螺蛳粉的国际传播，除通过海外食客购买商品进行传播外，还主要通过其话题性进行传播。传播不是扯着嗓子喊就能被听见、被接受，而是通过一个个真实的、“有味道的”故事，用国际受众乐于接受的语言，从小切口反映大主题。因此，做好国际传播要不断挖掘故事、营造话题，使故事更具传播力，进而在国际舆论场引发反响。

1. 挖掘中国文化故事

螺蛳粉诞生在柳州，与柳州地处壮族、汉族、苗族、瑶族、侗族交界地区也紧密相关。米粉是汉族人民的传统食材，但螺蛳粉中重要的味道来源——酸笋的做法则来自苗族、侗族聚居地区。因此可以说，螺蛳粉是民族团结与融合的产物。

柳州螺蛳粉包含着民族文化、饮食文化，也包含着时尚文化、流行文化、网络文化。柳州螺蛳粉为文化交流提供了更广泛、更多元、更丰富的样本，媒体报道也多从文化的角度剖析柳州螺蛳粉发展并快速走红的原因，宣介中华文化。

2019 年，央视国际频道在柳州摄制了时长 26 分钟的螺蛳粉纪录片，并多次在央视国际频道的亚洲、欧洲、美洲频道播出，介绍柳州的食螺文化。2021 年 5 月 8 日，《环球时报》整版刊发文章《爆红之后，螺蛳粉产业能走多远》，用较大篇幅从饮食文化等角度分析了螺蛳粉走红的原因。

2020 年，网友评选出中国对外传播的“新四大文化”：螺蛳粉、广场舞、中国网文、网购中国商品，其中螺蛳粉排名榜首。《光明日报》为此刊发评论：

“社交媒体上，很多人为走俏海外的中国美食点赞，但也有一些人认为螺蛳粉之类的小吃‘太低端’，吐槽这样的输出‘不太体面’。

在一些人的意识里，文化输出必然要和诗词、京剧、园林等联系在一起；在一些人的想象中，承载着中国文化走出国门意义的必然是名家作品、高铁产品、共享技术等‘高大上’的东西，而螺蛳粉之类的小吃‘实在难登大雅之堂’。从社会心理分析，希望展现那些流光溢彩的东西，心情可以理解。只是，生活除了阳春白雪的华美，也有下里巴人的质朴；中国文化，除了云髻高挽的端庄，也应该有烟火人家的温婉。

一些人对螺蛳粉‘登堂入室’不以为然，很大程度上是对它缺乏深入了解。螺蛳粉是广西柳州非常出名的特色美食，闻起来虽然臭，吃起来却酸辣爽口，‘闻之开胃，想之流涎，回味无穷’。《舌尖上的中国》等节目令它声名远播，一些食客‘不吃螺蛳粉，不做柳州人’的感慨吸引着很多人为了尝鲜而来。这样的特色美食在世界范围内走俏，受到不同国家和地区食客的热捧，形成别具特色的文化景观，何尝不是一桩美事？”①

2. 挖掘新时代创新发展故事

柳州螺蛳粉的创造过程不乏创新发展的故事。充分挖掘其中的创新创业故事，能够更加鲜活、立体地展示螺蛳粉的产业发展，折射中国新时代的创新发展。例如，2020 年，柳州螺蛳粉通过用牛骨头替代传统工艺中的猪骨熬制鲜汤，突破了因非洲猪瘟一些国家对猪肉制品进口的限制，实现了出口的快速增长，《经济日报》刊发评论点赞柳州通过创新变“危”为“机”。中央广播电视总台、《光明日报》、《广西日报》等媒体也刊发了相关报道，解读柳州螺蛳粉出口“井喷”现象。2021 年 6 月 15 日，央视《焦点访谈》用 15 分钟时长刊播《特色产业强起来　小米粉闯天下》，专题介绍柳州螺蛳粉产业发展，重点报道了第一家袋装柳州螺蛳粉企业诞生的过程。

2020 年 11 月 9 日，美国有线电视新闻网（CNN）刊发英文报道“Unusual

① 李思辉 . 螺蛳粉输出的也是中华饮食文化［N］. 光明日报，2020-11-04（10）.

foods often gain cult followings”（不寻常的食物吸引众多崇拜者），从工业创新角度介绍柳州螺蛳粉产业的发展。之后，《环球时报》翻译为《美媒：“工业思维”让螺蛳粉冲出柳州》并刊载。2021 年 2 月 27 日，香港《大公报》以《酸笋闻臭师金鼻子年薪 50 万》为题，报道柳州螺蛳粉产业链上出现的新工种。

3. 挖掘经济高质量发展故事

柳州螺蛳粉产业的发展历程，从侧面折射出中国经济的发展。早在 2016 年，新华社播发通讯《供给侧改革让广西名小吃“柳州螺蛳粉”俏销全球》，从供给侧改革角度解读螺蛳粉产业。2020 年 7 月 18 日，央视主持人海霞在《主播说联播》中点评柳州螺蛳粉的“逆袭”是“中国经济有韧性的一个缩影”。同年 8 月 17 日，《新华每日电讯》刊发长篇通讯《“大器晚成”螺蛳粉，折射中国经济有韧性》，深度剖析柳州螺蛳粉产业发展。2021 年 6 月 18 日，《人民日报》“记者调查”版整版刊发《小小螺蛳粉做成“三个百亿”大产业》，用长篇通讯探寻一碗柳州螺蛳粉里蕴含的供给侧改革故事。

境内外不少媒体也从经济视角挖掘柳州螺蛳粉的故事。2020 年 9 月 14 日，《中国日报》（China Daily）及其国际版分别用整版刊发英文深度报道“Luosifen：Companies hire more workers”（螺蛳粉火爆　企业招工忙），聚焦在中国成功控制新冠疫情后迅速复工复产，柳州螺蛳粉出口量屡创新高，同时分析近年来柳州如何用工业化思维生产、包装、宣传推广螺蛳粉，让这碗粉行销全球。

（三）顶流“网红”频频引发国内外舆论热点

柳州螺蛳粉酸辣鲜爽的独特味道，让人食用之后久久不能忘怀。酸笋味道带来“吃货”间的争议更放大了螺蛳粉的话题性，在各大互联网平台收获国内外大量“粉丝”，成为名副其实自带传播力、影响力和号召力的“网红”。柳州螺蛳粉自带话题，演艺界人士自发为其代言、自媒体纷纷发文蹭热度，促进了柳州螺蛳粉的国际传播。

新冠疫情期间，柳州螺蛳粉相关话题更加密集地形成舆论热点。据不完全统计，仅 2020 年就有 30 多个有关螺蛳粉的话题登上新浪微博热搜榜。2021 年 4 月 26 日，习近平总书记考察柳州螺蛳粉生产集聚区，境内外媒体纷纷报道，柳州螺蛳粉的关注度再度被推高。

作为顶流“网红”，柳州螺蛳粉被中央主流媒体常态化关注，成为沟通线上线下、大屏小屏互动、打通新媒体和传统媒体两个舆论场的舆论热点。以 2021 年 6 月 10 日第五批国家级非物质文化遗产代表性项目名录公布为例，“柳州螺蛳粉制作技艺”成为名录中最受关注的项目，许多媒体用“柳州螺蛳粉”做标题报道名录公布的新闻。央视更是一天之内在《新闻直播间》《东方时空》《晚间新闻》等栏目连发 9 条新闻点赞柳州螺蛳粉；新华社播发“GLOBALink | Chinese ‘durian of soup’ makes national list of intangible cultural heritage”（中国“汤中的榴梿”入选国家级非物质文化遗产名录）等多条图文视频报道，在推特、脸书等海外社交媒体被广泛转载转发。香港《大公报》以《柳州螺蛳粉上榜　吃货忙晒图打卡》进行了单篇报道。目前，脸书上有 51 个有关柳州螺蛳粉的讨论群，X（原推特）有上百个话题。另外，通过谷歌搜索，螺蛳粉有近 38 万个相关结果，优兔平台上有 20 多个关联搜索话题，每个搜索话题下有数十至数百条视频。

二、借助各类平台做好国际传播

一般来说，地级市开展国际传播工作的手段不多、载体有限、渠道狭窄，有影响力的平台较为匮乏。如何发挥特色和优势，精准找到切入点，突破瓶颈，做好地方题材的国际传播，是值得思考的课题。讲好中国故事、传播中国声音，必须用好各类传播平台，提高中国故事、中国声音的传播力、引导力、影响力、公信力，使国际社会听得到、愿意听、真信服。

（一）坚持境内境外联动

近年来，柳州市运用柳州螺蛳粉自身的话题性，积极引导《人民日报》海外版、新华社对外新闻线路、央视国际频道、《中国日报》、中新社、《环球时报》等主流外宣平台关注和报道柳州螺蛳粉，形成报道常态化。据不完全统计，2020 年新华社对外新闻线路播发柳州螺蛳粉相关报道 150 多条，并在新华社海外社交平台等终端广泛传播，被境外媒体广泛采用。另外，由广西壮族自治区党委宣传部多次组织的“境外媒体看广西”活动，也将柳州螺蛳粉产业发展作为重点介绍。由芒果 TV、发现（Discovery）探索频道联合制作的职业体验纪实真人秀节目《功夫学徒》，用外国“学徒”体验中国职业的创新形式，讲述螺蛳粉产业发展的故事，当期节目在全球 40 多个国家播出。

柳州本地媒体积极用好螺蛳粉这一题材推进国际传播。2022 年 5 月 27

◀ 2019 年 11 月 23 日，非洲国家重点媒体国际部负责人研修班考察团在柳州螺蛳粉饮食文化博物馆品尝螺蛳粉

日，柳州日报社与《中国日报》联合推出中英文短视频《粉红天下——一碗中国米粉的逆袭》，不仅获得人民网、《中国日报》等中央媒体的海外平台推送，还获得了包括香港商报网、香港经济导报网、香港《紫荆》杂志、欧盟国际城市与区域合作项目（IURC）官方网站、广西壮族自治区文旅厅海外官方账号脸书主页在内的200多家境内外媒体转载，传播效果较好，影响力较大。

另外，柳州广播电视台以螺蛳粉为题材摄制的美食电影纪录片《美味来客·新加坡恋人》，在中国外文局举办的第四届“第三只眼看中国”国际短视频大赛中获得“食见中国　吃遍全球”主题单元一等奖。

柳州螺蛳粉形成的话题，也吸引了多家境外主流媒体的关注，美国国家公共广播电台、美国有线电视新闻网、彭博社、朝日新闻等境外媒体也来柳州采访。境内境外媒体联动，推动了柳州螺蛳粉题材在海外广泛传播。海外受众通过丰富对柳州螺蛳粉的认知，也丰富了对中国的认知，使中国的海外形象更加真实、立体、全面。

（二）坚持网上网下互动

移动互联网时代，城市形象的国际传播途径正在发生巨大变化。互联网发展是无国界的，做好城市形象的国际传播，很大程度上需要用好网络传播平台。由于柳州螺蛳粉的“网红”属性，“粉丝传播”具有巨大传播力。

美食博主李子柒在海外拥有数千万粉丝，而她正是柳州螺蛳粉文化的传播者。2019年8月，李子柒制作发布的关于柳州螺蛳粉的视频全网播放量超过1.5亿人次，其中境外播放量超过5500万人次。李子柒顺势推出“李子柒柳州螺蛳粉”，成为柳州螺蛳粉的头部品牌，进一步推动了螺蛳粉文化全球传播。随后，占地100亩的李子柒品牌柳州工厂开建，李子柒与柳州螺蛳粉两大“网红”合体落地柳州，将进一步推动柳州螺蛳粉和柳州城市形象国际传播。

（三）做好新兴媒体引导

做好国际传播、讲好中国故事必须善用新兴媒体。由于柳州螺蛳粉的“网红”效应，不少新兴媒体自发蹭热点制作各种新媒体产品传播。对地级市来说，既要充分发挥新兴媒体的传播优势，又要重视、做好对新兴媒体的引导工作，为我国改革发展营造有利的外部舆论环境。

例如，2019 年 3 月“韩国网友号召为螺蛳粉申请非遗”话题登顶微博热搜榜，点击量近 4 亿人次，这有利于提高柳州螺蛳粉的知名度，但若引导不好也可能造成不良影响。柳州宣传部门指导相关部门及柳州螺蛳粉协会及时回应，及时形成了“柳州人谈韩网友为螺蛳粉申遗”“柳州回应螺蛳粉申遗”两个热搜，既推高了话题的热度，又引导了网络舆论向有利于中国的方向发展。境外媒体也对此进行了较为正向的报道。

2020 年 5 月 28 日，首家螺蛳粉产业学院在柳州职业技术学院揭牌。根据计划，学院开设 7 个专业、招生 500 人，建设螺蛳粉大数据技术服务中心，培养螺蛳粉产业技术技能复合应用型人才。前有“小龙虾学院”的先例，螺蛳粉产业学院势必也会受到舆论广泛关注。于是，柳州市政府新闻办第一时间主动联系媒体供稿，“中国日报”新浪微博账号于当日 12 时 22 分率先发微博并设置话题“全国首家螺蛳粉产业学院揭牌”，这一微博迅速被“人民日报”“Vista 看天下”等微博账号转载，话题在 1 个小时左右便冲上了微博热搜榜第三位，随即引发国内外主流媒体的广泛关注。

（四）整合各类传播资源

在“万物为媒”“万物皆媒”的时代，传播媒介已经不再拘泥于报纸、电视、广播、网络，出口的商品、国际经贸合作、国际友城交流等，都是国际传播的重要方式。因此，要做好国际传播，必须充分整合这些传播资源，使其成为扩大海外传播声量的媒介。

柳州螺蛳粉厂商也主动对接境外资源，开展国际传播。2022 年、2023 年、2024 年，连续三年的春节期间，在美国地标建筑纽约时代广场 1 号楼的 LED

▲ 2022 年春节期间，柳州螺蛳粉广告登上纽约时代广场街头大屏

大屏幕上，滚动播放着螺蛳粉的宣传语，一家柳州螺蛳粉头部企业通过美国的合作伙伴，以向全球华人拜年的方式，宣介中华美食、展示中国形象。

用好社交媒体，已经成为新时期国际传播的新路径。2023 年 4 月 25 日，柳州市国际传播中心在柳州市融媒体中心揭牌成立。国际传播中心在建设过程中，在脸书（Facebook）、照片墙（Instagram）、优兔（Youtube）、抖音国际版（TikTok）等海外社交媒体平台开通了“Amazing Liuzhou（惊奇柳州）”账号，组建国际传播编辑小组，精心制作了一批更适合海外传播的英语作品，通过柳州本地的美景、美食、新鲜事等内容，传播中国好声音，讲好新时代的柳州故事，获得海外受众的广泛喜爱。海外社交媒体账号开通一年来，5 个账号已累计发布推文500多条，粉丝总量超过15万。

2023年3月28日，柳州市融媒体中心与《中国日报》再次联手，推出双语直播《“新”新相遇——新加坡小哥带你探访“新能源汽车之都”》。《中国日报》国际版记者、新加坡小哥 Alexis Hooi 现场沉浸式吃螺蛳粉，与众多游客一起体验“网红”打卡点，体验新能源汽车的整车组装和潮改文化，这些现场感极强的体验赢得了海内外网友的广泛好评。这是柳州首次进行双语直播，直播在柳州市融媒体中心和《中国日报》的国内外传播平台推出，近20万人次在线观看，成为柳州市融媒体中心实施国际传播工程的生动实践。

三、螺蛳粉国际传播“出圈”带来的启示

食物，是人类生存最基本的需求，是礼治之始，是保障国家生存与发展的重要战略物资，已逐渐超越其单纯的果腹功能，进化成一种文化行为，且潜移默化地传播和建构了其所代表国的国家形象。不同地域有不同的美食，体现了文化多样性。美食的交流是文明交流互鉴的重要方式。

中国是一个地大物博的文明古国，不同地域由于气候、地理、历史、物产及饮食风俗各有不同，经过漫长发展，形成了富有地域特色的烹饪技艺和独特风味，铸就了灿烂的饮食文化，这也是中华文明重要的组成部分。世界上没有几个国家能像中国一样，拥有如此丰富、悠久的饮食历史。特别是在当下，中华美食的影响无处不在，世界上的大多数国家都有中餐馆。这是国家形象的一种展示，也是外国民众感知中国文化最直观的方式。

在古代，张骞通西域，为中国带来了黄瓜、胡萝卜等食材；明代盛边贸，中国又引进了番椒、番薯、玉米等农作物。近代以来，随着海外华人增多，各国出现了唐人街，中餐馆在国外颇受欢迎。由此，为适应外国人的口味，改良版中餐不断涌现，如左宗棠鸡、宫保鸡丁等都是在这一时期出现的。在新中国的外交史上，周恩来总理曾多次用烤鸭宴请外宾。中国美食在对外事

务中很好地呈现了中华文化和国家形象，增进了国际社会对中国国家形象的认同。

进入 21 世纪以来，中国餐饮产业不断壮大，随着国际交流的日益增多，中国饮食文化不断走向国际。近年来，我国多地“以食为媒”推动中华文化传播。例如，2019 年 5 月，作为亚洲文明对话大会的重要配套活动，北京、广州、成都和杭州等城市陆续举办美食文化活动，推动亚洲美食文明大发展、文化大交流。

应该看到，各国民众是饮食文化的主要消费者和传播者。国外的认知主体对中国饮食文化产生的了解和喜爱，一定程度上会增进民间对中国国家形象的认同。并且，国际体系不仅是一种物质结构，更是一种不同主体之间交往互动的社会结构。在这种交往互动中，饮食文化符号不断发挥意义表征作用：情感认同是动力、身份认同是基础、文化认同是核心，共同促进了对国家的认同，使国家形象在主体间的互动中不断强化、达成共识。

美食是传播中华文化的重要载体，但有组织、成规模、有代表性、具有持久热度、能实现“现象级”国际传播效果的成功案例屈指可数，柳州螺蛳粉可以说是其中的佼佼者。柳州市深入挖掘其地方特色和优势，利用俏销全球的柳州螺蛳粉搭建传播渠道、营造传播话题，用具有高话题度、高辨识度的美食符号，不断精准切入，搭台唱戏、借梯登高，突破地级市国际传播的工作瓶颈，立体展示中国独特的饮食文化，打造“有味道的中国名片”，讲好“有味道的”中国故事，取得了良好的传播效果。

2021 年，“柳州螺蛳粉制作技艺”被列入第五批国家级非物质文化遗产代表性项目名录。当前，柳州螺蛳粉受到越来越多国际友人的喜爱，境内外媒体常态化报道，网络媒体不时产生舆论热点，以柳州螺蛳粉为载体的国际传播已经取得初步成效。在中国外文局举办的 2021 年度全国“对外传播十大优秀案例”评选中，《挖掘地方美食传播题材　讲好“有味道的”中国故事——广西柳州以螺蛳粉为载体提升国际传播能力的探索与启示》入选，是当年全国唯一由地级市报送并获奖的案例；2023 年 5 月 27 日，在由中国日报网和大连外国语大学中华文化海外传播研究中心、国际传播研究院、新闻与传播学院共同举办的 2023 第七届中华文化海外传播大连论坛暨东北亚文明对话论坛上，2022—2023 年度“中华文化国际传播十大案例”发布，“柳州螺蛳粉等‘网红小吃’香飘海外”作为“热点事件”成功入选。

新时期，地方要想在众多中国美食中脱颖而出，实现饮食文化“现象级”的国际传播效果，选好传播题材是基础，营造传播话题是关键，善于借力传播是捷径。

（一）选好传播题材是基础

享受美食是人类的本性，美食本身也凝聚着人类的智慧。可以说，人类对美食的喜爱是没有国界的，选择美食作为国际传播的题材，具有天然的亲和力和传播力。美食的互鉴也是文化的互鉴，以美食为载体的国际传播，有利于“联结中外、沟通世界”，讲好中国故事。

柳州螺蛳粉制作技艺作为中国的非物质文化遗产，早在 10 年前就被当作柳州的城市名片进行打造，在袋装柳州螺蛳粉批量出口海外后，进一步成了柳州开展国际传播的题材。这一国际传播题材的选择，为柳州通过地方特色美食柔性讲述中国故事打下了基础。从近几年的实践来看，伴随着柳州螺蛳粉销量飙升，柳州螺蛳粉及柳州城市形象国际传播的深度和广度也在与日俱增，已逐渐实现了“现象级”国际传播效果，通过产品和话题向世界讲述着“有味道的”中国故事。

（二）营造传播话题是关键

在新媒体舆论格局中，国际舆论场信息产能巨大，而受众的时间和精力都很有限，在这种情况下，一个传播题材只有极具话题性，才能得到广泛的关注和传播。柳州螺蛳粉“借船出海”做好国际传播，这个“船”就是话题。

如前文所述，柳州螺蛳粉特殊的气味造成“吃货”间不断争议使之带有天然的话题性，但仅依赖于此是不够的，还需要不断营造话题，使之在舆论场中保持热度，使其能持续影响国际舆论场。柳州抓住柳州螺蛳粉题材营造了大量的话题，从2011年的“螺蛳粉进京”，到2012年获得吉尼斯世界纪录的“万人同品螺蛳粉”，到2017年的“1580米！史上最长螺蛳粉”，以及不断出现在舆论场的“螺蛳粉月饼”“螺蛳粉汤圆”“螺蛳粉粽子”等新媒体、自媒体“搞怪”新闻，总能不断激发舆论场对柳州螺蛳粉的关注。如今，舆论场已经形成对柳州螺蛳粉传播的良性循环，官方只要不定期发布销售数据、出口数据、带动速递数据等，就能产生很强的传播力。

（三）善于借力传播是捷径

由于地级市一般还不具备直接搭建海外传播平台的能力，需要更多利用我国主流外宣平台、网络平台以及境外主流媒体传播平台进行合作传播。从这个层面上来说，做好国际传播需要借力发力、借梯登高。柳州宣传部门密切联系各大外宣平台，及时收集并向媒体发布柳州螺蛳粉销售数据、出口数据、节点性信息，不断为舆论场注入新的能量，通过用好主流媒体、新兴媒体，有效整合传播渠道，持续整合传播内容，让柳州螺蛳粉维持传播热度，通过柳州螺蛳粉的热度讲好柳州产业故事、城市故事、发展故事，使柳州这张独特的城市名片逐渐成为中国名片的代表之一，受到全球越来越多的关注。

案例1

央地媒体联动　讲好中国故事
——以国际传播作品《粉红天下——一碗中国米粉的逆袭》为例

在媒介技术发展的浪潮之下，新媒体重新定义了国际传播的特征，让包括地市级党报在内的地方媒体也有了设置议程的可能，拥有了更多融入国际传播新格局的机会。2022年5月27日，柳州日报社与《中国日报》联合推出中英文短视频《粉红天下——一碗中国米粉的逆袭》（简称《粉红天下》），不仅获得人民网、《中国日报》等中央媒体的海外平台推送，还获得了包括香港商报网、香港经济导报网、香港《紫荆》杂志、欧盟国际城市与区域合作项目（IURC）官方网站、广西文旅厅海外官方账号脸书主页在内的200多家境内外媒体转载，传播效果较好，影响力较大。

这是地方媒体发挥贴近新闻现场的资源优势，与中央级媒体进行深度融合的一次探索；是地方媒体借助美食文化破圈传播，提高国际传播声量的实践。

一、化墙为桥：央地联动的可行性与必要性

新媒体重塑了国际传播的既定规则。在新媒体的时代背景下，发展中国家和各国民间组织、个人等也拥有了塑造和传播国家形象的机会，这也为地方媒体融入国际传播格局提供了机遇。

基于此，分析地方媒体在国际传播中的优势与劣势，明晰地方媒体在国际传播中的定位，可以看到中央媒体与地方媒体联动的可行性与必要性。

（一）主要优势

1. 靠近现场，掌握新闻资源

地方媒体具有地缘性优势，靠近现场，拥有“新闻富矿”的第一手资源。地方媒体在当地深耕多年，一是拥有得天独厚的人脉、信息等社会资源；二是了解当地的风土人情和人文特色；三是靠近新闻现场，方便长期驻点对新闻进行深度挖掘。全媒体时代，地方媒体挖掘大量富有中国民俗文化特色、展现中国悠久历史和地大物博的新闻素材，不时在互联网上引发关注，取得了良好的国际传播效果。

2. 以小见大，善抓新闻“活鱼”

一般来说，地方媒体的报道视角主要聚焦在当地，擅长在平常中发现不平常，抓住新闻现场的“活鱼”。地方媒体贴近基层、贴近群众，又在本地各领域深耕多年，往往独具慧眼，发现独特题材、挖掘鲜活事例，发挥近距

离观察新闻事件和人物的优势，让报道出新出彩。同时，地方媒体可以及时出击，以小见大，通过精心策划，从“小、细、实”处着手，采用生动活泼的表达方式，通过地方故事的小切口，讲好中国故事的大主题。这样的特性，让地方媒体在国际传播的内容生产过程中具备优势。

3. 融合发展，采编质量过硬

在建构全新融合传播体系过程中，地方媒体基本已建成了包括“报网端微屏”在内的全媒体传播矩阵，在推动融合传播高质量运行方面做过许多尝试，采编队伍也已经在融合发展的环境下成长起来。在全媒体时代，地方媒体打造一支能采写、能直播、能拍摄、能剪辑的采编团队，既能适应新媒体“短平快”的传播特征，保证优质的题材不被浪费，又能抓住传播点精准出击，制作出高质量的融媒体作品，以人们喜闻乐见的方式将作品传播出去，提升用户到达率。内容生产质量提升，使地方媒体具备了与中央媒体进行联动的可能性。

（二）主要劣势

尽管地方媒体近年来在国际传播中的竞争力显著提升，但对比长期从事国际传播的媒体机构来说，还是存在很多短板。例如，地方媒体对国际传播领域钻研不深，没有形成一套成体系的报道规范；容易受“一时一地一域”的报道思路限制；外语人才缺乏，外语采编能力不足；平台受限、渠道不足，需要提高在国际传播过程中借船出海、借梯登高、借力发力的友媒合作意识。

二、路径探析：央地联动助力国际传播破圈

柳州日报社立足本地特色，由报社主要领导牵头成立项目组，深入挖掘对外传播题材，打造国际传播精品力作，奏强中国之音。2021 年 12 月，柳州日报社推出首条国际传播作品《一条中国河流“破圈”记》，得到各方好评。经过对国际传播背景、题材、传播方式的深入思考，半年时间里，柳州日报社相继打造出国际传播精品《紫气东来——中国“龙城”紫荆香》《粉红天下》。

其中，《粉红天下》由柳州日报社与《中国日报》联合推出，是对媒体深度融合的又一全新探索。

（一）内容路径

讲好中国故事，传播好中国声音，内容是根本。对于长期关注本地新闻的地方媒体，对外展示城市形象、中国形象时，应妥善处理中外文明的差异性和共同性，积极寻找共同关切点和共鸣点。

一直以来，美食是传播中华文化的重要载体。据《中国日报》报道，北京冬奥会期间，北京烹饪协会发布了“餐饮热词看中国”双语版，通过 16 个热词让国际友人感知中国餐饮乃至整体消费的变迁。其中，螺蛳粉（Luosifen）位居“新口味类”第二。

柳州日报社发挥地方媒体的地缘性优势，挖掘了大量柳州螺蛳粉的“新闻富矿”。如“2021 年柳州共产出 15 亿袋预包装柳州螺蛳粉”“柳州螺蛳粉年寄递量达 1.06 亿件”“柳州螺蛳粉出口 20 多个国家和地区”等，大量第一手素材的积累让柳州日报社在地方媒体与中央媒体的深度融合中具有独特优势。

以美食为媒介，柳州日报社与《中国日报》积极沟通，双方很快达成共识：通过研究与剖析工业柳州如何通过“一碗粉”持续向世界阐释、推介具有鲜明地方特色的中国文化，打造一部“有味道”的国际传播作品，立体展示中国独特的饮食文化，努力塑造可信、可爱、可敬的中国形象。

（二）制作路径

2021 年 9 月，中国日报网与大连外国语大学中华文化海外传播研究中心、新闻与传播学院联合发布了《2020—2021 年度中华文化国际传播十大案例》，其中有一半案例与短视频传播有关。这说明，国际受众偏爱短视频作品，短视频因其拍摄便捷、实时分享、互动性强等特点成为国际传播中的主要叙事类型。

近半年时间里，柳州日报社先后推出《一条中国河流破圈记》《紫气东来——中国“龙城”紫荆香》两部国际传播作品，制作团队在实践中积累了经验，队伍也在锻炼中不断成熟。

《粉红天下》采用大量时下流行的航拍、延时拍摄、运动镜头等视觉呈现方式，从立项到播发历时两个月，中央媒体制作团队与地方媒体制作团队先后进行了 20 多次反复修改，创作过程体现了主创团队践行“四力”，用情、用心、用力讲好中国故事的扎实作风。

由于柳州日报社在题材选取、内容制作、创作团队等方面比较成熟，《中国日报》主动伸出合作之手，为该视频提供对外传播平台和外语人才资源。特别是在英文翻译上，《中国日报》的专业翻译人才资源补足了地方媒体翻译力量不足的短板，大大提升了国际传播作品的质量。

在表现手法上，为了呈现柳州螺蛳粉的鲜、香、辣、酸、爽、烫，该视频运用了大量特写镜头，通过诉诸视觉感知的影像画面、诉诸听觉感知的配乐及同期声，以及中英文字幕等，最大限度呈现了柳州螺蛳粉原汁原味的美食感染力，极大地降低了语言和文化造成的理解障碍，减少了跨文化传播中的“文化折扣”。

在叙事内容上，该视频不仅展现柳州螺蛳粉红遍天下的“表”，更展示了柳州这座工业城市如何用好工业思维发展特色产业的“里”。短短 5 分多钟的视频，运用大量镜头呈现柳州螺蛳粉全产业链的生产场景，还原柳州人热爱柳州螺蛳粉、努力做大做强螺蛳粉产业的人文风貌，融入了柳州“一江旖旎、一花倾城、一粉飘香、一车风行”的城市美学，让柳州这座城市的国际形象更立体、更动人。

（三）传播路径

在新媒体时代，个性显著、具有文化独特性的作品，往往在国际传播中拥有更高的认可度。国际受众更倾向于看到国家形象传播的多元化表达，更容易被民间和个人的文化交流和情感连接打动。

《粉红天下》以“洋面孔”讲述个体的感知及体验，进一步增强了讲述者与受众之间的情感连接。视频中，不同国家、不同肤色的“洋面孔”纷纷现身说法，讲述与柳州螺蛳粉的故事，大大拉近了作品与受众的心理距离。

如在柳留学生讲述：“我吃螺蛳粉非常上瘾，因为螺蛳粉很好吃，我吃螺蛳粉（要吃）两个卤蛋、一个（鸭）肾，然后加蔬菜、豆腐。”这样情感丰富的个性化表达非常容易打动国内外受众，从而达到良好的传播效果。

据统计，5 月 27 日至 6 月 7 日，针对这一视频互联网上共出现相关传播信息 212 条，全网声量最高峰出现在 5 月 27 日，共产生 48 篇相关信息。“亿袋”“酸豆角”“螺蛳粉”等成为热频关键词，柳州特色的中国故事，漂洋过海持续圈粉。

5 月 31 日，为方便境外媒体转载刊播，柳州日报社继续联合《中国日报》推出英文解说版作品，用英语讲述柳州螺蛳粉的故事。这也是柳州日报社发布的首个英文解说新闻作品，让外国友人“原汁原味”地理解柳州螺蛳粉的美食文化，建构和传播柳州城市形象，向世界展示独具特色的中国饮食文化，彰显了中国经济强大的韧性与活力。

此外，柳州日报社还与广西壮族自治区党委宣传部对外宣传交流处、柳州市委外宣办、柳州市外事办协同发力，充分发挥国际友好社团和柳州“名企外宣”机制，“制造”国际朋友圈，塑造柳州生态宜居、宜业、宜游的城市形象。近年来，柳州不少知名企业、高校在海外设立了分支机构，柳州借此契机建立“名企外宣”工作机制。借助这些企业和高校的海外传播平台、人脉资源等向国际友人推介柳州。如广西柳工集团有限公司通过企业的脸书账号，发布了这一视频，进一步提升国际传播声量。

三、思考与启示

《粉红天下》中英文国际传播短视频的成功，是中央媒体和地方媒体取长补短、同向发力取得的成果。经过对这一短视频的策划与制作过程进行分析，本文对中央媒体与地方媒体联动，通过媒体融合讲好中国故事的路径进行了思考总结。

一是选题要有中国特色国际视野。地方媒体要充分利用在人文特色、乡土人情上的丰富资源，关注国际发展局势，以公正、客观、理性的视角结合国际潮流，以及国际社会对中国的聚焦点，用国际通识、接受度高的方式讲述植根于中国本土、面向全球的中国故事。近年来，柳州螺蛳粉已成为风靡世界的美食，在境外广受追捧，成为讲好中国故事的重要题材。在中国外文局主办的2021年度全国“对外传播十大优秀案例”评选活动中，“柳州螺蛳粉外宣”入选，成为唯一获奖的地级市案例。依托在境外有广泛受众基础的螺蛳粉题材，用好国际视野讲好中国故事，是这一作品取得良好国际传播效果的基础。

二是表达要符合国际受众的习惯。加强国际传播能力建设，向国际社会讲述中国故事，而听故事的对象是国际受众，那么在讲述故事时必须使用国际化表达，才能让受众听得到、听得清、听得进。地方媒体要针对国际传播的特点，研究符合国际受众习惯的表达方式，输出国际化内容。“中国故事的世界表达”，除了有传统的时政、经济、成就等对外宣传题材，更要有符合当下国际审美的时事热点，比如普通人物与中国社会、美食与中国文化、中医与古老传说等，通过短视频等技术进行个性化表达，讲述富有中国特色的故事，以小见大，传播中国文化。

三是媒体融合要进行多样化尝试。当前，我国正在建构多主体、立体式的大外宣格局，地方媒体要积极挖掘地方的特色和优势，主动融入国际传播格局，就要认清自身的优势与劣势，通过对外融通补齐短板。地方媒体积极用好自身深耕本土、善抓新闻“活鱼”、新闻采集等方面的优势，与中央媒体及其分支机构进行深度合作、优势互补，可以实现借梯登高、借筒传声，让地方挖掘的好故事传得开、传得响、传得远。

（作者李斌、黎寒池、谢耘，原载于《中国记者》2022年第8期，有删改，本文获评2022年度赵超构新闻奖二等奖。）

案例2

发挥地方特色　加强国际传播

——以广西柳州市为例

2021年5月31日，习近平总书记在主持中共中央政治局第三十次集体学习时强调："各地区各部门要发挥各自特色和优势开展工作，展示丰富多彩、生动立体的中国形象。"当前，国内外形势不断变化，对中国国际传播能力提出更高要求。中央和地方需合力讲好中国故事、传播好中国声音，展示真实、立体、全面的中国形象。

近年来，广西柳州市克服传播渠道缺乏等诸多困难，深入挖掘地方外宣资源，充分用好各种平台和渠道，努力讲好具有地方特色的中国故事，创新推进中国形象国际传播。今年2月，在中国外文局主办的2021年度全国"对外传播十大优秀案例"评选活动中，"柳州螺蛳粉外宣"入选，成为唯一获奖的地级市案例。

一、地级市开展国际传播面临的难题

（一）缺乏传播渠道

地级市开展国际传播主要有3种渠道：一是借助中央主流媒体的外宣平台；二是与境外媒体合作，组织开展"外媒看中国"等采访活动；三是开设海外社交媒体账号，展示地方发展。从具体实践看，中央主流媒体外宣平台难以对一个地方的普通题材进行持续关注；组织开展"外媒看中国"等采访活动成本较高，难以形成常态化；地级市普遍缺乏建构境外传播平台的能力和经验，有的虽开设了海外社交媒体账号，但受运维能力制约，尚未形成较强影响力和传播力。

（二）缺乏传播人才

提升国际传播能力，人才是关键。开展国际传播，需要外语、传播、技术等各方面的人才，尤其是既懂外语又懂传播的复合型人才，而这正是地级市普遍缺乏的。从传播实践来看，短视频、融媒体产品在海外平台具有传播优势，而对于地级市来说，用好技术手段生产融媒体产品，受到缺乏技术人才的掣肘。

（三）缺乏国际传播意识

当前，西方媒体掌握着世界话语体系的领导权和信息流动的方向，这一状况在短时间内还难以得到根本性改变。但科技、美食、生态、民族、人文等是世界共同关心的话题，要积极改变大而全、小而全的话语表达方式，善于捕捉“小切口”，生动讲好中国故事，实现“润物无声”的传播效果。否则，很可能就是鸡同鸭讲、有“宣”无“传”。但地级市媒体大都满足于“一时一地一域”的报道模式，往往缺乏持续推进“走出去”的传播思维，开展国际传播的意识较为欠缺。

二、地级市开展国际传播具备的优势

地级市开展国际传播具备故事鲜活生动、文化资源丰富等优势，加之自身的新闻媒体长期扎根一线，有丰富的新闻线索渠道及融媒体产品生产手段，有利于讲好具有地方特色的中国故事。

（一）故事鲜活生动

基层是改革创新的源头活水，许多突破陈规、大胆探索、勇于创造的思想观念，以及不甘落后、奋勇争先、追求进步的举措，都来自基层一线、来自人民群众。而地市级媒体，更便于了解和掌握人民群众的创新创造，掌握具有人间烟火气的生动故事。这些故事，经过认真挖掘和整理，通过合适的呈现方式进行传播，具有较强的吸引力、传播力，会让中国声音更加响亮和动听、中国形象更加真实和生动。

（二）文化资源丰富

我国幅员辽阔、民族众多，各地区各民族都有独具特色、丰富多彩的文化资源，国外受众对中国的饮食文化、节庆民俗、歌舞艺术、衣着礼仪、建筑风格等都比较感兴趣。深耕地方文化资源，挖掘其中的国际传播价值，可以让中国声音从“单声道”变成“多声道、立体声”，从“独唱”“小组唱”变成“大合唱”，让中国形象更加立体全面。

（三）信息产能丰沛

在推进媒体深度融合的过程中，地市级党报、广播电视台等普遍掌握了新兴传播手段，例如长图、短视频、H5 等。对于一个传播题材，可以生产多形态、多样化的传播产品，给予受众不同体验。同时，地方级党报、广播电视台等因长期在地方深耕细作，对于当地的风土人情、社会风貌都很熟悉，并在长期的新闻实践中积累了大量素材，尤其对有传播力的题材具有较高敏感度。而丰沛的信息产能，为讲好中国故事、推进国际传播提供了基础条件。

三、地方特色助力国际传播“出圈”

在开展国际传播的实践中，柳州深入挖掘地方特色产业、工业产品、生态、民族文化等方面的资源优势，努力从细微处入手，策划新鲜选题。柳州是我国重要的汽车生产基地，地表水水质稳居中国第一，是拥有 28 万株洋紫荆的“花园城市”，“网红”柳州螺蛳粉火遍全球。2018 年以来，柳州宣传部门提出用好“四个一”（即一台车、一江水、一朵花、一碗粉），以“小切口”讲述生动故事，不断制造传播话题，进而推动“爆款”融媒体产品生产，实现城市形象国际传播。同时，借助中央媒体外宣平台联络境外媒体，并充分发挥“走出去”企业积极作用，多角度展示中国形象、奏强中国好声音。

（一）依托特色美食，策划新颖选题

作为顶流“网红”，柳州螺蛳粉相关话题具有很强的传播力、影响力，加之众演艺界人士“自发代言”、自媒体借“螺”增“粉”、主流媒体持续关注，柳州螺蛳粉相关传播题材不时成为舆论热点。柳州借助螺蛳粉的“网红”属性，积极策划传播话题，挖掘其中的饮食文化故事、创新发展故事、经济高质量发展故事等，并善于利用各类平台进行广泛传播，使柳州螺蛳粉成为“有味道的中国名片”。

依托特色美食这一“世界语言”，通过“一碗粉”讲故事，柳州屡次成功“出圈”，不断形成正面舆论热点。据不完全统计，仅 2020 年就有 30 多个有关“螺蛳粉”的话题登上新浪微博热搜榜。《人民日报》、新华社、中央广播电视总台、《中国日报》等主流媒体的外宣平台持续关注并报道柳州螺蛳粉，形成了对外报道的常态化。2021 年，新华社向境外播发超过 200 条有关柳州螺蛳粉的报道；2022 年 2 月 17 日，《人民日报》海外版头版以《走进广西柳州螺蛳粉生产集聚区——“螺蛳粉，小吃不‘小’！”》为题刊发近 3000 字的通讯。

柳州螺蛳粉话题还吸引了不少境外媒体关注。2020 年 11 月 9 日，美国有线电视新闻网（CNN）发布题为“Unusual foods often gain cult followings”（《不寻常的食物吸引众多崇拜者》）的报道，主要从工业创新角度介绍柳州螺蛳粉产业的发展。环球时报以《美媒：“工业思维”让螺蛳粉冲出柳州》为题，将这一报道译为中文。海外社交媒体也高度关注柳州螺蛳粉。目前，脸书上有 19 个有关柳州螺蛳粉的讨论群，推特有上百个话题。另外，通过谷歌搜索，螺蛳粉有近 18 万个相关结果，优兔平台上有 500 多条视频。柳州螺蛳粉厂商也主动对接境外资源，开展国际传播。2022 年春节期间，一家柳州螺蛳粉头部企业通过美国的合作伙伴，在纽约地标建筑时代广场 1 号楼的 LED 大屏幕以向全球华人拜年的方式，宣介中华美食、展示中国形象。

（二）借助名企名品，搭建传播平台

柳州是广西最大的工业城市，拥有柳工集团、上汽通用五菱、东风柳汽等一批知名工业企业及品牌。随着对外投资和产品出口不断扩大，柳州在

巴西、波兰、印度尼西亚等国开办制造企业，销售网络遍布全球，“柳州企业”“柳州制造”深入当地人民的生活。柳州借此优势，推进“名企外宣”，积极整合知名企业驻外机构等各方资源，通过推广“网红”工业产品、参与工程建设等途径，推动柳州城市形象、中国国家形象的国际传播。

以柳工集团为例。集团在全球100多个国家和地区拥有300多家经销商，覆盖“一带一路”共建国家50多个。同时，在脸书、推特等海外社交媒体设立了账号，还在柳工英文总网站下构建了全球多个区域的子公司网站，采用当地语言进行宣传。2021年初，柳工集团将其在融水苗族自治县等地参与扶贫的故事制作成英文宣传片，在海外各大经销网点播放，生动讲述中国脱贫攻坚故事。

柳州企业还积极参与当地公益事业，促进民心相通。当智利、土耳其、尼泊尔等国遭遇地震时，柳工集团携手全球合作伙伴快速响应。在坦桑尼亚，柳工设备救助掉进沟渠的大象，赢得当地民众的赞誉，媒体纷纷报道。在印度尼西亚，拥有制造基地的上汽通用五菱积极帮助当地抗击疫情，2020年4月，把10万只带有五菱标志的口罩捐赠给印尼国家灾害管理局；2021年7月，联合印度尼西亚当地医院在雅加达开展免费疫苗接种活动，提供场地、设备和后勤等方面的支持，当地近30家媒体刊发报道，为中国企业点赞。柳州还有多家企业在海外参与桥梁等建筑工程建设，为当地竖起“地标”的同时，也树立了良好的中国企业形象。

柳州工业产品也不断推陈出新，营造国际传播话题。如上汽通用五菱早年产品“五菱之光”曾登上美国《福布斯》杂志封面，并被称为“地球上最重要的一款车”。2020年，该公司推出的新能源汽车“五菱宏光MINIEV”，目前稳居我国新能源汽车销量冠军，成为备受媒体关注的“网红”产品。2020年12月1日，日本《朝日新闻》头版头条配图刊发题为《中国售价43万日元电动汽车的冲击》的报道，《参考消息》以《日媒：中国国产低价电动车销量“碾压”特斯拉》为题翻译并转发该文。此后，英国广播公司、日本

NHK 电视台、日本经济新闻、富士电视台、香港电视广播有限公司等数十家境外媒体进行了报道。2021 年 6 月，美国彭博新闻社刊发报道《“电动汽车之都”柳州给世界的启示》，称柳州的电动车普及率仅次于挪威的奥斯陆，是中国的“电动汽车之都”，还介绍了柳州优良的空气和水质。

（三）用好环境资源，讲好生态故事

在生态环境部公布的地级及以上城市国家地表水考核断面水环境质量排名中，2020 年和 2021 年，柳州水质均位居我国第一。但在 20 世纪八九十年代，由于没有处理好工业发展与环境保护的关系，柳州曾深受环境污染之苦。一座工业城市如何做到全国水质之首？如何实现从“酸雨之都”到“水质冠军”的逆袭？柳州的治水故事令许多中外游客感到好奇。

环境治理是关系全人类永续发展、备受世界关注的话题，生态文明建设是中国对外传播的重要内容之一。这个具有较强对比性的鲜活案例，正是讲好中国生态文明故事、展示中国在环境保护方面付出努力和取得进展的较好切入点。

2021 年 12 月 8 日，柳州日报社精心打造的中英文国际传播作品《一条中国河流“破圈”记》在报社全媒体平台首发，获得了包括中阿卫视、瑞典《北欧时报》、英国《卫报》中文网等 30 多家境外媒体在内的 200 余个网页转发或推介。《人民日报》海外版、《中国日报》、中国新闻社等媒体也长期关注柳州的生态环境，用柳州案例讲述中国生态文明建设的故事。2021 年 4 月 6 日，《人民日报》海外版用大半个版面刊发通讯《柳州：工业与山水和谐共生》，介绍柳州保护生态的故事；2021 年 3 月 1 日，《中国日报》刊发英文报道“Industrial city in Guangxi ranks top in water quality after long cleanup”（《广西工业城市柳州：从“酸雨之都”到地表水水质排名全国第一》），解码柳州地表水水质排名全国第一背后的故事。

（四）挖掘民族风情，展示特色文化

柳州全市有壮、汉、瑶、苗等 49 个民族，少数民族人口 219.32 万，占全市总人口的52.75%。柳州下辖三江、融水两个少数民族自治县，民族风情浓郁。借助独特的民族风情，柳州积极向世界展示少数民族文化及民族地区群众脱贫致富的故事。

在打赢脱贫攻坚战的过程中，新闻媒体持续关注由柳州宣传部门推介的民族地区特色报道题材，向世界生动讲述中国“决不让一个兄弟民族掉队，决不让一个民族地区落伍”的脱贫故事。如新华社摄影记者黄孝邦蹲点“一寨跨两省”的桂黔乌英苗寨3年多，详细记录当地苗族同胞生产生活的点滴变化，通过《苗山脱贫影像志》摄影专栏，播发图片通稿70组700余张，媒体采用量达2万多次，大量图片被海外媒体采用。其中，一张反映融水苗族自治县适龄女童接受良好教育的照片，被近70家外媒采用。从这一摄影专栏精选图片汇集成的《我在乌英苗寨这三年》一书，于2020年底出版发行。此后，该书英文版、阿拉伯文版、土耳其文版3个语种的版本于2021年9月出版发行，并在亚马逊、巴诺书店等全球主流渠道销售，向世界讲述发生在柳州的中国脱贫故事。

柳州少数民族地区的刺绣工艺、农民画、节庆活动等也备受境外媒体关注。在2017年举办的第十七届中国融水苗族芦笙斗马节活动中，融水苗族自治县首次举行了中国融水苗族—东盟少数民族“打同年”（即走亲戚、交朋友、结兄弟）活动，邀请泰国、老挝、印尼等11个国家的少数民族民众和留学生参与，促进了中国和东盟国家民族文化交流。柳州艺术剧院打造的《白莲》《八桂大歌》《侗》等相关剧目受邀到瑞士、荷兰、葡萄牙、西班牙、新加坡等多个国家演出，让更多国外民众了解了柳州的民族风情。

四、思考与启示

柳州开展国际传播的成功实践表明，深入挖掘本地独特资源、拓宽传播渠道，发挥优势、补齐“短板”，地级市一定能在塑造可信、可爱、可敬的中国形象方面大有可为、大有作为。

（一）深挖地方特色资源

移动互联网时代，信息传播已经突破了媒介、地域的界限。在“以媒体为中心”转向“以话题为中心”的趋势下，不能形成话题的信息即便得到刊登，往往也是关注者寥寥，在信息海洋中趋近于无效传播。而一个话题只要有足够的感染力，就可以引发广泛关注和共鸣，甚至形成国际传播效应。因此，只要挖掘并经营好传播题材，即便首发报道从地方媒体发出，也可以实现通讯社播发的传播效果。设置议题、制造话题，进而形成舆论热点，是地级市开展国际传播最便捷、成本最低的路径。实现话题的国际传播，要求地方深挖传播题材，进行系统分析梳理，建立线索库、资料库、素材库，随时处于“临战”状态，以有效把握传播时机。

（二）对内挖潜整合平台

随着“万物皆媒”时代的到来，信息传递已不再拘泥于某种特定形态，传播载体也不仅是传统的报纸、电视、网络。在国际传播中，地方应积极梳理和整合自身可以利用的资源和平台，服务于国际传播。传播资源和平台不仅包括“走出去”发展的企业、出口产品，也包括文化交流、学术交流、商贸洽谈，还包括国际友城建设等。地级市在参与国际传播的过程中，要积极挖掘整合、充分用好用活这些资源，构建起“大外宣”格局。

“国之交在于民相亲，民相亲在于心相通。”对于地方来说，一种好的产品走进国际市场、造福当地人民，就是最好的中国形象塑造，也是最好的中国故事。柳州在积极推进企业“走出去”、产品“卖出去”的同时，积极整合知名企业传播平台资源，有力推进了城市形象传播。

（三）对外融通拓展渠道

移动互联网时代，信息海量生产和传播，虽说“内容为王”仍是颠扑不破的传播铁律，但也面临着“渠道为霸”的挑战。尤其是在国际传播中，渠道决定了中国声音的“声量”。地级市参与国际传播，要突破自身缺乏传播平台的掣肘，借梯登高、借船出海；要多向中央主流媒体外宣平台提供富有感染力和说服力的好故事，畅通稿件提供通道，通过外宣旗舰媒体，展示地方形象；要积极准备丰富的传播素材并制作高质量的融媒体产品，及时主动向外媒推送。

（作者李斌，原载于《新闻战线》2022年第7期，有删改。本文获评2022年度广西新闻奖二等奖）

·第七章·

护航：“网红”产业“长红”发展

袋装柳州螺蛳粉自 2014 年底诞生以来，经过 10 年时间，成为俏销全球的美食，俘获了众多食客的味蕾。仅 2022 年，就有 18 亿袋柳州螺蛳粉销往世界各地。而今，柳州螺蛳粉已成为“可食用的城市名片”，展示着柳州的城市形象，向世界讲述着“有味道的”中国故事，小米粉大产业令人惊奇。

然而，我们也应看到，地方特色产业特别是食品产业，往往比较脆弱，如若做不到规范化发展，从“红”到“黑”、从爆红到覆灭，往往就在旦夕之间。一些借助互联网蹿红的“网红”产品，红极一时但又昙花一现。如何保护和发展地方特色的“网红”产业，将其打造成经久不衰的“长红”产业，也是值得深入思考的课题。

欲戴王冠，必承其重。俗话说“人红是非多”，树大难免招风。在网上，有关柳州螺蛳粉的一些没有经过权威检验实证的个例孤案产生的负面信息偶尔出现，并被放大传播，甚至成为舆论热议的焦点。

一、柳州螺蛳粉应对网络舆情案例简析

柳州螺蛳粉是互联网上的顶流“网红”，经常产生全网传播的舆论热点。据不完全统计，仅仅 2020 年前 9 个月就有 30 多个有关螺蛳粉的话题登上新浪微博热搜榜，这些话题仅在新浪微博的阅读量就超过 50 亿人次。同时，有关柳州螺蛳粉的负面舆情

也偶有发生。

这些负面信息如果得不到妥善处置，必将影响螺蛳粉的整体形象，甚至对整个产业造成毁灭性的打击。这是柳州螺蛳粉在高质量发展进程中，势必会面临的一战。如何稳妥地打赢柳州螺蛳粉荣誉保卫战，是对政府防范和化解危机能力的考验，是对治理体系和治理能力现代化的重要检验。

（一）应对“虫卵”舆情

2021 年 11 月 27 日，有社交平台网友发帖称在某品牌袋装螺蛳粉中吃出“大坨虫卵”，并配上了图片。相关图片快速扩散到多个平台，并在微博掀起 2 次热搜，相关话题阅读量突破 8 亿。

柳州螺蛳粉拥有先进的食品加工工艺，这样的问题不可能发生。但由于广大网民并不了解螺蛳粉的加工工艺，对网传信息普遍持观望态度。

2021 年 11 月 28 日，涉舆情的某品牌螺蛳粉发出《说明函》，介绍公司“拥有行业领先的现代化生产线及高温消杀工艺流程”，称自己有“出色的产品口碑和长期品牌坚守”，但“商业诋毁时有发生”，着重指出从网上图文出现起“到各微博号转发至冲上微博热搜仅用时 2 天，此次事件发酵迅速超乎常态”，并称“若幕后存在推动，我方将依法维权”。

只讲结论不讲调查过程就坚称自己没问题，还措辞强硬地把舆情发酵快归咎于有幕后主使，这样用“阴谋论”为自己辩白，显然无法消除质疑、平息舆情。甚至一些原来持中立态度参与讨论的网友感觉“智商受到了侮辱”，从而倒向品牌的对立面。这样的“火上浇油”，引发舆论哗然。

舆论汹涌之下，这家螺蛳粉企业当天又发布《调查进度说明》，告诉公众：1. 公司已成立食品安全专项调查组，经全链条追溯，未发现异常；2. 公司积极配合市场监督管理部门开展工作，相关部门已到工厂调查；3. 公司已与投诉顾客取得联系，同时感谢所有顾客及媒体的关注，并表示欢迎顾客及媒体进行监督和来访调查。

第二次回应多少能看出企业想迫切解决食品安全事件的决心与诚意。但纵然如此，也难息网友的怒火，热评中仍有不少“翻车”现象。

鉴于舆情发展情况，柳州市有关部门及时介入。11 月 30 日，柳州市市场监督管理局发布“处置情况通报”，向公众通报处置进展：11 月 28 日派出两个执法检查组，分别到被投诉人店面和螺蛳粉生产厂家开展调查核实；执法人员主动联系投诉人杨某，杨某声称已自行处理发现异物的螺蛳粉，剩余螺蛳粉于 11 月 29 日下午通过顺丰速运寄回被投诉人；执法人员仔细检查留样样品，未发现异常，依法现场抽样送第三方检验机构进行检验。11 月 29 日下午，柳州市市场监督管理局已收到送检螺蛳粉检验项目感官（色泽、组织形态、杂质）的检验结果，全部为合格；其余检验项目如微生物等正在检验中，检验结果将依法及时向社会公众进行公布。

2021 年 12 月 5 日，柳州市市场监督管理局发布食品安全监督抽检结果通报，向公众公布较为详细的调查过程，并表明：本次消费者投诉的同批次产品检验结果全部合格；同时抽检的其他批次产品检验结果全部合格。

在调查结论出炉的同时，《柳州日报》头版刊发 1900 字的重磅评论《坚决打赢柳州螺蛳粉荣誉保卫战》。文章客观分析了柳州螺蛳粉的“网红”效应，认为“欲戴王冠，必承其重”，享受“红”的红利，也要承受“红”的压力，因此要着力推动螺蛳粉产业标准化、规范化发展。同时“要承其重，必有其器”，通过一系列保障食品安全的措施，柳州有信心、有基础、有能力为数以亿计的螺蛳粉“粉丝”保障“舌尖上的安全”。文章阐明，螺蛳粉是柳州弥足珍贵的城市名片，绝不容玷污，提出“要坚决打赢这场螺蛳粉荣誉保卫战”。一方面，必须“打铁自身硬”，把食品安全工作抓得紧而又紧；另一方面，在虚心听取、广泛吸收中肯意见和善意批评的同时，对于捏造事实恶意中伤、无底线的诋毁、“蹭流量”的抹黑，要坚决驳斥和澄清，对于情形恶劣的，还要查明来源、依法追究。

该评论旗帜鲜明地表明了柳州“坚决打赢这场螺蛳粉荣誉保卫战”的态度，观点鲜明、言辞恳切、态度坚决，积极回应了舆论关切，阐明了柳州既坚决保障螺蛳粉产品安全又坚决打击“蹭流量”抹黑的坚定态度，起到了掷地有声的效果，维护了柳州螺蛳粉的品牌声誉。

经过细致调查、权威回应、澄清事实、表明态度，这次的舆情态势逐步进入平缓冷淡期。

评论 1

坚决打赢柳州螺蛳粉荣誉保卫战

“小米粉大产业”，袋装柳州螺蛳粉自 2014 年底诞生以来，在“互联网 + 快递”的推动下，短短 7 年时间已成为俏销全球的食品，成为广西首个年寄递量过亿的单类产品。作为美食界顶流“网红”，柳州螺蛳粉不仅成了柳州珍贵的城市名片，还成了“有味道的中国名片”，向世界展示着中国形象。每一个柳州人，都为身在螺蛳粉的故乡而无比自豪。

然而，近段时间有关柳州螺蛳粉的一些没有经过权威检验实证的个例孤案引发的负面信息被放大传播，让柳州这张城市名片蒙上了些许阴影。一些网络信息甚至用“螺蛳粉‘翻车’”“‘爆雷’的螺蛳粉”来“蹭流量”，让柳州人民感受到了不适。市场监管部门对消费者投诉的同批次产品进行质量抽检，按照产品食品安全标准进行全项检测，项目检验结果全部合格，该批次产品为合格产品。

欲戴王冠，必承其重。柳州螺蛳粉从不起眼的路边摊美食，快速“出圈”，变身风靡全国、行销世界的“网红”，赢得了口碑、获得了赞誉，也势必受到更多关注。柳州螺蛳粉深受网民喜爱，但我们也深知不可能只享受“红”带来的红利，也要承受“红”带来的压力。被“粉丝”捧为“国民美食”的柳州螺蛳粉，已走进美食舞台的中央，就必须在聚光灯下接受来自各方的检视，就必然要面对各种苛刻的评价，就不可避免要应对各方的挑战。这几年来，正是公众用挑剔的眼光审视柳州螺蛳粉，才促使我们进一步推动螺蛳粉行业标准化、规范化发展。

要承其重，必有其器。保障食品安全是食品企业的底线，是食品行业的生命线。不论是生产企业还是监管部门，都必须将保障食品安全放在第一位。在用工业化理念推进柳州螺蛳粉产业发展的过程中，柳州市委、市政府一直坚持最严的标准，通过出台柳州螺蛳粉食品安全地方标准、建立螺蛳粉检测中心、推动原材料基地建设、增加产品质量抽检频次、成立柳州螺蛳粉产业标准化技术委员会等多种方式，建立和完善安全可靠的螺蛳粉生产体系，保障产业规范化发展。这一系列措施，让柳州有信心、有基础、有能力为数以亿计的螺蛳粉“粉丝”保障“舌尖上的安全”。

基于始终坚持高质量发展，柳州螺蛳粉产业利好不断：我市“精准发力推动螺蛳粉产业快速发展”2021 年 11 月初获国务院办公厅通报表扬；日前闭幕的自治区第十二次党代会明确提出要积极推广柳州螺蛳粉等产业发展经验；自治区印发了《加快推进柳州螺蛳粉及广西优势特色米粉产业高质量发展实施方案》；市委、市政府大力推进螺蛳粉产业规范化、标准化、品牌化、规模化发展，出台了《加快推进柳州螺蛳粉高质量发展工作总体实施方案》。

以品质为本，柳州螺蛳粉产业发展未来可期。

然而，正如螺蛳粉独特的气味让人或爱或恨一样，网上也不时有对柳州螺蛳粉的非议。对于这些声音，我们始终抱着“有则改之，无则加勉”的态度，不放过任何一个尖锐的批评、不浪费任何一次舆情危机，以最大的包容在批评声中寻找“最大公约数”，不断修正和完善自己，让柳州螺蛳粉产业不断地成长和进步。柳州螺蛳粉企业也纷纷表示严格遵守食品安全的生产流程，并自觉接受公众监督，随时接受监管部门抽检。所有这些，只为做好一碗让“粉丝”放心的螺蛳粉。

柳州螺蛳粉是柳州弥足珍贵的城市品牌、城市名片，这张“可食用的城市名片”是柳州百年工业积淀的结晶，是柳州人民创新创造的成果，是柳州无形的文化地标，绝不容玷污。面对挑战，柳州人民要坚决打赢这场螺蛳粉荣誉保卫战。

打赢这场保卫战，必须“打铁自身硬”。我们必须把食品安全工作抓得紧而又紧，落实最严谨的标准、最严格的监管、最严厉的处罚、最严肃的问责，确保所有食品安全违法行为都要追究到个人，不给任何人在食品安全问题上有“试错”的机会，切实保障人民群众“舌尖上的安全”，让柳州螺蛳粉经得起公众拿着放大镜、显微镜找问题。

打赢这场保卫战，必须旗帜鲜明开展斗争。对于中肯的意见和善意的批评，我们虚心听取，广泛吸收，作为发展壮大螺蛳粉产业的动力；对于据实反映的问题，我们认真调查，积极回应，认真整改。而对于捏造事实恶意中伤、无底线的诋毁、“蹭流量”的抹黑，我们也要坚决予以驳斥和澄清，对于情形恶劣的，还要查明来源、依法追究。

这场保卫战，是一场输不起也决不能输的硬仗。这既是维护柳州的城市品牌、城市名片、城市荣誉的现实需要，也是让柳州螺蛳粉由“网红”变“长红”的必然要求，还关系到产业链上 30 万人的生计，更是为亿万柳州螺蛳粉“粉丝”负责。柳州螺蛳粉的荣誉，是全体消费者共同造就的，也需要消费者共同维护。我们不仅要集合政府部门、螺蛳粉企业、广大市民的力量，还要充分发挥螺蛳粉“粉丝”的力量，共同维护柳州螺蛳粉发展的良好环境，最终以更优质的产品回馈广大消费者。

（作者李斌，原载于 2021 年 12 月 6 日《柳州日报》1 版，署名里里，有删改。本文获 2021 年度广西新闻奖二等奖）

（二）应对“脚踩酸豆角”舆情

2022 年央视“3 · 15”晚会曝光了湖南插旗菜业制作“老坛酸菜”食品安全问题，部分老坛酸菜包竟是在土坑腌制。镜头中，工人们或穿拖鞋或光脚踩在酸菜上的画面刺激了人们的眼球。

而后不久，几张“脚踩酸豆角”的图片在网络热传，场景与被曝光的“脚踩酸菜”如出一辙。由于螺蛳粉中也有酸豆角，有网民就怀疑是否用于制作了螺蛳粉，“螺蛳粉酸豆角”词条冲上热搜榜。这一热搜超 4000 万人点击、2 万多人参与讨论。还有网民到柳州螺蛳粉企业官方微博下留言，希望他们出面澄清。

经过对画面中地形地貌以及人物衣着等情况分析，“脚踩酸豆角”的发生地不是柳州，也无法证明图中酸豆角与螺蛳粉有关。虽然如此，但这样的舆情若不重视，也会影响柳州螺蛳粉产业的发展。

为应对舆情，有知名螺蛳粉企业发出酸豆角制作过程的视频，种植、采摘、腌制、加工、装袋全过程的展示，让顾客了解到柳州螺蛳粉原材料制作工艺，在一定程度上打消了受众的疑虑。同时，柳州市螺蛳粉协会就此也作出声明，指出网传图片并不是柳州螺蛳粉用酸豆角生产企业加工现场。

在此基础上，柳州市融媒体中心推出评论《购买螺蛳粉，应认准“柳州造”》，指出“为保障数以亿计的螺蛳粉‘粉丝’舌尖上的安全，柳州市委、市政府一直坚持最严的标准，通过出台柳州螺蛳粉食品安全地方标准、建立

◀ 在柳州市鱼峰区的柳州螺蛳粉产业园，工人在生产线上包装螺蛳粉

螺蛳粉检测中心、推动原材料基地建设、加密产品质量抽检频次、成立柳州螺蛳粉产业标准化技术委员会等多种方式，建立和完善安全可靠的螺蛳粉生产体系，保障这个产业规范化发展”，并提醒“消费者购买时要认准作为地理标志产品的‘柳州螺蛳粉’”。这一评论在网上广泛传播，进一步巩固了柳州螺蛳粉安全、可靠的形象。

评论2

购买螺蛳粉，应认准“柳州造”

用两张来源不明的图片，配上一行文字“螺蛳粉的酸豆角也是用脚踩的”，就迅速登顶了新浪微博热搜榜，掀起了又一波有关螺蛳粉的舆情。发布者随后删掉了帖文并称“图片未经考证”，还有网民查证后指出图片并非拍摄于广西。柳州市螺蛳粉协会就此也作出声明，指出网传图片并不是柳州螺蛳粉用酸豆角生产企业加工现场。

对于这样的抹黑，正如柳州网民表态：“这锅我们不背！”

当前，有的自媒体似乎破译了互联网的“流量密码”，借助螺蛳粉这一顶流“网红”，加上一周前央视“3·15”晚会曝光“脚踩酸菜”的热度，一发一删，轻轻松松就“收割”了大量流量。这样的互联网“碰瓷”，去年以来柳州螺蛳粉已遭遇多次。网民对柳州螺蛳粉良好的食品安全保障已有较好的认知，当这次负面信息出现后，许多网民并没有盲目跟风炒作，而是理性地表达对螺蛳粉产业的关切。不少网民指出网传的“脚踩加工”照片拍摄于外省，且不能证明图中的酸豆角与螺蛳粉生产有关。我们对理性的网民表示感谢，同时也要提醒那些“碰瓷”的自媒体账号，网络并非法外之地，这样制造谣言攫取“毒流量”已触犯法律。

我们也注意到，网上还有一种言论认为，登上热搜的网帖只说了“螺蛳粉”，并没有提“柳州”，柳州何必如此较真？近几年，由于螺蛳粉持续热销，柳州以外的确也有一些企业在“蹭热度”生产螺蛳粉，有的地方产量还不小。但是，螺蛳粉源自柳州，柳州螺蛳粉风味最正宗，柳州打响了螺蛳粉的知名度和美誉度是无可辩驳的事实，“螺蛳粉”与柳州的城市形象、城市品牌已密不可分。螺蛳粉巨大的流量让很多别有用心的人眼馋，仅凭几张照片和一两句模棱两可的文字，就轻易地将螺蛳粉与重大食品安全事件联系在一起，博眼球蹭流量。这种打马虎眼的做法极不负责任，我们坚决反对。维护好柳州螺蛳粉金字招牌的声誉和形象，柳州理直气壮、责无旁贷，必须寸步不让、正本清源、较真碰硬。

螺蛳粉作为一个食品品类，柳州的确无权干涉外地企业生产，但应该看到，“柳州螺蛳粉”在2018年已成功注册成为国家地理标志证明商标，并明确规定柳州螺蛳粉只能“柳州造”，在柳州以外生产柳州螺蛳粉属于侵权行为。目前，柳州共有56家企业获授权使用“柳州螺蛳粉”地理标志证明商标，这些企业完全能够满足消费者对正宗风味螺蛳粉的需求。

为保障数以亿计的螺蛳粉“粉丝”舌尖上的安全，柳州市委、市政府一直坚持最严的标准，通过出台柳州螺蛳粉食品安全地方标准、建立螺蛳粉检测中心、推动原材料基地建设、增加产品质量抽检频次、成立柳州螺蛳粉产业标准化技术委员会等多种方式，建立和完善安全可靠的螺蛳粉生产体系，保障这个产业规范化发展。当前，柳州已建成的螺蛳粉原材料基地面积超过300平方千米，认定的柳州螺蛳粉原材料生产示范基地达12家。

为保护柳州螺蛳粉的传统风味，柳州为柳州螺蛳粉全产业链制定了84项标准，仅对竹笋、豆角这两样原材料，就从种植、原材料采购到加工制作等环节提出了多项柳州市地方标准的要求。所有这些，只为做好一碗让消费者放心的、风味正宗的柳州螺蛳粉。

购买螺蛳粉，应认准“柳州螺蛳粉”！

（作者李斌，原载于2022年3月23日“柳州1号”客户端，署名里里，有删改）

（三）“统战螺蛳粉”风波

2023 年 1 月，因为某品牌柳州螺蛳粉包装上写着“你是中国人、我也是中国人，四舍五入一下，就是我的人”，就有台湾政界人士炒作，声称这一标语“‘统战’意味浓厚”，要“台湾经济主管部门”下架商品、涂销“统战”标语。

1 月 16 日，“台湾经济主管部门”说，未开放大陆制的螺蛳粉进入，会要求实体或电商全都下架。到了 17 日晚间，台媒又传出，台湾消费者颇为青睐的“黄飞红花生”也被禁止销售。至于大陆零食“魔芋爽”，因为台湾没有类似商品，目前允许项目申请在台湾销售。

没想到的是，这些操作反而成了“活广告”，让柳州螺蛳粉销量大增。有媒体报道指出，最近台湾夜市里，似乎越来越多摊位在卖螺蛳粉、酸辣粉、酸菜鱼或肉夹馍等源自大陆的小吃，且生意都不错。为什么“台湾经济主管部门”越禁，岛内民众越爱吃呢？台湾网友的回答很真实，因为“好吃啊”；还有网友表示，看大陆电视剧里的角色一直吃螺蛳粉，想尝鲜看看味道怎么样。有网友指出，在台湾贩卖的螺蛳粉，价格是大陆的两三倍，但食客仍然络绎不绝，给店家带来不少收益，“卖得好当然店越开越多”。

在这一事件中，《参考消息》《环球时报》等媒体均采写或转载了多篇境外媒体报道，均是有利于柳州螺蛳粉提升知名度的。柳州相关部门采取密切关注态度对待这一事件，未做相关回应。

2023 年 2 月 22 日，在国台办例行新闻发布会上，有记者提问，“台湾经济主管部门”近日宣布禁售、限售大陆产螺蛳粉等食品，但台湾夜市越来越多摊位开始销售螺蛳粉、酸辣粉等大陆小吃和食品，生意火爆。对此，国台办发言人朱凤莲回应：“很明显，两岸民众的很多口味是一样的。我想，大陆朋友可以推荐更多大陆美食给台湾朋友，也欢迎台湾的朋友们来大陆品尝各地的特色美食。”①

① 环球网 . 岛内夜市越来越多摊位销售螺蛳粉，国台办：两岸民众很多口味是一样的［EB/OL］.（2023-02-22）［2023-12-02］. https：//3w.huanqiu.com/a/c36dc8/4BnsGxgFqGM.

此后，国台办发言人朱凤莲2023年10月25日在回应“科目三”舞步在台湾流行时再次提到螺蛳粉。她说，这是两岸青年在网络时代独特的交流方式，也是两岸融合发展过程中新的文化交流现象。“一首歌曲、一段舞步或者一道美食，会通过社交平台很快火爆两岸，比如之前看到的《孤勇者》、柳州螺蛳粉等。”[①]

从结果来看，台湾政界人士的炒作，又为柳州螺蛳粉带来了一波正向流量。

（四）应对“加臭剂”舆情

2024年3月，网络出现“螺蛳粉里加了加臭剂”的自媒体推文，大量官方媒体介入报道，登上全网25个热榜。

此次舆情的导火线为成都市市场监督管理局官方账号“成都市场监管”于3月13日18时在“今日头条”发布《外卖餐饮巡查：一家“有味道”的螺蛳粉店！315市场监管在行动》的视频消息。该视频中出现“螺蛳粉加臭酱”引发了人们对螺蛳粉质量安全的担忧，成为本次舆情中各大媒体、自媒体炒作的焦点和素材来源。

就这一舆情来说，事发地不在柳州，亦非袋装柳州螺蛳粉，但由于螺蛳粉与柳州密不可分的关系，若处置不好，也会对柳州螺蛳粉产业造成较大的伤害。

面对这一舆情，多方联动进行处置：一是区市县联动。自治区市场监管局指导柳州市、县（区）市场监管部门联合开展针对调味料生产企业、实体店面、螺蛳粉生产企业的实地检查和产品检测专项行动。柳州检查螺蛳粉实体店668家、在产的预包装螺蛳粉生产企业101家、调味料生产企业48家，检查中未发现有添加非食用物质等违法行为。二是媒体联动。自治区媒体全

① 中国新闻网.“科目三”在台流行　朱凤莲：两岸融合发展中的新现象[EB/OL].(2023-10-25)[2023-11-05].https://www.chinanews.com.cn/gn/2023/10-25/10100460.shtml.

力支持柳州应战舆情，策应柳州市媒打“配合战”，多形式多角度为柳州螺蛳粉正名，敲响“定音鼓”；市属媒体大力“树形象”，维护柳州螺蛳粉这一“国民美食”健康发展。三是城市联动。柳州市市场监管局组成工作小组前往成都，与成都相关部门座谈研究了共同开展风险管控的相关工作，得到成都方面支持，成都方面先后删除了头条号首发推文、抖音号首发短视频，并协调处理不实网络视频、言论等信息。四是部门联动。柳州市商务局和柳州螺蛳粉协会配合市场监管部门，做好螺蛳粉产品及合法添加的科普宣传，并利用3月21—22日11家螺蛳粉头部企业在成都参加全国糖酒商品交易会的契机，联合市委宣传部、驻柳和市属媒体，组建宣传小组前往成都配合开展正面宣传和舆论引导。

柳州市融媒体中心一方面策划推出《守护“国民美食”螺蛳粉就是守护国民口福》评论，加强网络引导，探讨如何真正维护好“国民美食”的“美”与“香”；另一方面，充分运用媒体融合发展成果，背靠“广西三月三”主题宣传，市县联动加大柳州“车、水、花、粉”文旅推介，“记忆中的柳州”“柳州旅游精品线路”“外地游客唱山歌”等一批预热宣传产品陆续上线，进一步压缩负面信息传播空间。此外，依托柳州融合舆论场，市县媒体、政务自媒体联动，对一批具有区域影响力的主流平台播发的柳州螺蛳粉正面报道快速开展全平台二次传播，放大主流声音。

评论 3

守护“国民美食”螺蛳粉就是守护国民口福

有的人说香，有的人说臭，还有的人说就像榴梿闻起来臭吃起来香。“香香臭臭”的一碗螺蛳粉，将人们分出不同的阵营，有人爱、有人嫌，这无形中增添了螺蛳粉的话题性，让柳州螺蛳粉快速“出圈”、硬核“长红”，被赞誉为独具特色的“国民美食”，并且大量出口海外，变身“有味道的中国名片”。“柳州螺蛳粉‘网红小吃’香飘海外”还入选了“中华文化国际传播十大案例”。

这一碗粉，“臭”是它的表象，“香”是它的实质。柳州螺蛳粉的独特气味，主要来自螺蛳粉中的重要辅料酸笋。香和臭本来就没有明确的界限，每个人都可以有不同的感受，就像很多人认为榴梿是臭的，但榴梿却富含复合果香。感官的差异，决定了人所闻到的酸笋味道到底是香还是臭。从传播学来说，争议是促使网络事件的传播力和影响力迅速增强的重要因素，争议越大传播力就越强。某种程度上来说，正是螺蛳粉的独特气味，扩大了传播，促使人们更加想尝尝鲜，助推了螺蛳粉的爆红。在柳州螺蛳粉的推广实践中，无数案例证明，多数人难以摆脱“三碗上瘾”的定律：只要尝试吃螺蛳粉 3 次，基本就会爱得欲罢不能。

恒者行远，以恒心做大这一碗“国民美食”，柳州十年磨一剑。从 2014 年底第一家袋装柳州螺蛳粉诞生之日起，柳州就坚持用工业化的理念、产业链思维推进螺蛳粉产业发展，使之迅速成为俏销全球的美食，俘获了众多食客的味蕾，“小米粉”形成“大产业”令人惊奇。3 月 20 日至 22 日，在成都举办的第 110 届全国糖酒商品交易会上，螺霸王、好欢螺、家柳等柳州螺蛳粉品牌参展，吸引了近 300 家客商前来洽谈，达成了不少合作意向。2023 年，柳州螺蛳粉全产业链销售收入为 669.9 亿元，远销全球 20 多个国家和地区。而今，螺蛳粉不仅是柳州“可食用的城市名片”，还向世界讲述着“有味道的”中国故事。

美益求美，以匠心做好这一碗“国民美食”，柳州心无旁骛。为回报“粉丝”的厚爱，柳州一手推动作为国家级非物质文化遗产代表性项目的柳州螺蛳粉制作技艺传承与创新，一手竭尽全力守护“舌尖上的安全”。从袋装柳州螺蛳粉诞生之初，柳州就通过出台柳州螺蛳粉食品安全地方标准、建立螺蛳粉检测中心、推动原材料基地建设、加密产品质量抽检频次、成立柳州螺蛳粉产业标准化技术委员会等多种方式，建立和完善安全可靠的螺蛳粉生产体系。目前柳州螺蛳粉全产业链标准体系已有564项标准，保障了产业规范化发展。柳州还用好用足地方立法权，为螺蛳粉产业健康发展保驾护航，制定了全国首部米粉类产业发展法规《柳州市柳州螺蛳粉产业发展条例》并于2022年11月1日正式施行，把螺蛳粉产业发展纳入法制化轨道，保护柳州螺蛳粉的传统风味。柳州小心翼翼呵护螺蛳粉产业，只为给"粉丝"奉上一碗安全、放心、美味的螺蛳粉。"柳州市精准发力推动螺蛳粉产业快速发展"作为国务院第八次大督查发现的典型经验做法得到通报表扬，与柳州螺蛳粉相关的一系列案例获文化和旅游部、国家市场监督管理总局、国家乡村振兴局、国家知识产权局、中国外文局等单位的表彰或表扬，自治区政府出台《加快推进柳州螺蛳粉及广西优势特色米粉产业高质量发展实施方案》等一系列政策支持螺蛳粉产业发展，激励着柳州人更加用心做好这一碗粉。

力众海移，以真心守护这一碗"国民美食"，需要勠力同心。柳州螺蛳粉成为"顶流网红"，因网而生、因网而兴，突破"网红周期率"持续走红，靠的是广大食客、广大"粉丝"一碗一碗螺蛳粉吃出来的口碑，是众创的"神话"。与此同时，针对柳州螺蛳粉的"流量碰瓷"从来就没有停止过。实践是检验真理的唯一标准，柳州螺蛳粉要从"当红"走向"长红"，要经受实践、市场、时间、全球食客的检验。"柳州螺蛳粉"在2018年成功注册成为地理标志证明商标，并明确规定袋装柳州螺蛳粉只能"柳州造"，在柳州以外生产柳州螺蛳粉属于侵权行为。在法规严格监管之下生产的柳州螺蛳粉，执行着严苛的生产标准，可以有效防范"科技与狠活"，让"粉丝"们放心购买和食用。柳州螺蛳粉的荣誉，是全体消费者共同造就的，也需要消费者共同维护。这不仅要集合政府部门、螺蛳粉企业、广大市民的力量，还要充分发挥螺蛳粉"粉丝"的作用，共同维护螺蛳粉发展的良好环境，最终以优质的产品回馈广大消费者。

让人民生活幸福是"国之大者"，守护"国民美食"螺蛳粉就是守护国民口福。作为享誉世界的"国民美食"，柳州螺蛳粉"香"飘万里，粉红天下；

非正常的“臭”是极少数商家的不法行为，以及个别别有用心的自媒体“碰瓷”抹黑。“洪范八政，食为政首。”我们要守护好柳州螺蛳粉安全、放心、美味的品牌形象，保护好“粉丝”们的权益，坚决同任何破坏螺蛳粉质量、安全和形象的行为做斗争。柳州螺蛳粉生产企业和管理部门当一如既往诚心听取消费者提出的合理意见及建议，接受来自各方的正常监督，以不断提升产品品质和品牌形象，以过硬的品质应对任何风浪和挑剔。同时，还要在良性发展中不断提升文化软实力，积极向海外传播中华饮食文化。

严格按标准生产销售的柳州螺蛳粉是利国利民的健康食品，购买袋装螺蛳粉，大家要擦亮眼睛，认准“柳州螺蛳粉”。也建议广大“粉丝”多到柳州这座已被螺蛳粉“粉丝”捧红的“网红城市”走一走、看一看，实地品味柳州街头的螺蛳粉，亲身感受柳州螺蛳粉的独特香气。

（作者李斌，原载于《柳州日报》2024 年 3 月 23 日 1 版，有删改）

二、“网红”产业网络舆情特点

从上述舆情来看，“网红”产业网络舆情有以下几个特征：

（一）信息传播速度迅速，更易引起受众关注

“网红”产业本身就是网络捧红的，网络为其带来了流量和人气，其发展壮大享受了网络的红利。同时也应认识到，网络是一把双刃剑，“网红”产业不可能只享受“红”的红利而不承受“红”带来的压力。

“网红”产业网络关注度高。由于长期积累的关注，网上一旦有相关信息出现，传播速度极快。以柳州螺蛳粉为例，不仅正面信息容易上热搜榜，负面信息也非常容易上热搜榜。

就正面信息来说，2020 年 5 月 28 日，全国首家螺蛳粉产业学院在柳州职业技术学院揭牌，当这一信息经柳州市政府新闻办工作人员推介给媒体，“中国日报”微博账号率先发稿并设置话题“全国首家螺蛳粉产业学院揭牌”

后，这一微博迅速被“人民日报”“Vista 看天下”等微博账号转载，话题在 1 个小时左右便冲上了热搜榜第三位。负面信息也同样，例如前述“虫卵”舆情中，原来只是一个网民发出的负面信息，在舆论场中快速发酵，在不到一天时间就快速登上了热搜榜。

（二）引发蹭流量热潮，导致信息纷乱芜杂

“网红”产业自带流量，是自媒体流量的重要来源。在当前的舆论场中，许多自媒体已经习惯并熟练地通过蹭热点获取关注、赢得流量、获得粉丝。当“网红”产业产生舆情时，自媒体会快速抓住热点，以延伸解读、视频评论、信息整合等形式对事件进行再次传播，以扩大自身账号的影响力。

在蹭热点、博流量的驱动下，往往“网红”产业舆情事件出现后，自媒体就会迅速跟进，相关新媒体产品在网上呈现几何式增长态势，快速收割流量。而这些延伸解读、视频评论、信息整合，往往是在缺乏核心事实的情况下的任意发挥。有的自媒体甚至为了博眼球、博出位，还会编造一些不实信息进行传播。事实不足而观点过剩的信息的传播，不免又产生大量失实信息，将舆论场变得纷乱芜杂。

从实践来看，针对螺蛳粉产业，网上不时有一些没有经过权威检验实证的个例孤案引发的负面信息出现，有的在网上被放大传播，甚至成为舆论热议的焦点。其中，不乏捏造事实恶意中伤、无底线的诋毁、“蹭流量”的抹黑，而这些是成为“网红”产业后必须要直面的。网上一些负面信息，虽然最初可能只是指向个别企业，但如果处置不好也会对产业整体形象造成颠覆性的影响。

（三）对产业发展危害大，易造成毁灭性打击

产品的走红，是一个口碑自然传播的过程。“网红”产业因网而生、因网而兴，其发展壮大很大程度上依托网络舆论带来的正向评价，是口碑在网上不断积累的结果。“网红经济”换句话说就是“粉丝经济”，以抓住人们的眼球、关注度和注意力的一种经济模式。“网红”产业的兴衰与网络舆论的评价紧密

相关，直接影响“粉丝”对于产业的评价。可以说，网民捧则产业兴、网民贬则产业衰。当网络上出现有关“网红”产业的负面舆情时，若不能及时处置、消除影响、维护正面形象，必将影响螺蛳粉的整体形象。

就柳州螺蛳粉来说，其口碑是消费者一碗一碗吃出来的。就以网络销售的柳州螺蛳粉来说，也可以说是网民一单一单买出来的“网红”。负面舆情特别是有关食品安全的舆情，将消弭此前积累的口碑，甚至对产业造成毁灭性的打击。因此，培育和壮大像螺蛳粉这样的“网红”产业，必须高度重视、密切关注、积极防范、及时化解舆情风险，必须快速反应、妥善处置舆情危机。

三、“网红”产业舆情应对策略

应对“网红”产业的舆情，需要政府部门介入、企业主动回应、综合分析、分类施策。就柳州螺蛳粉产业舆情应对的实践来看，只要应对得当，有的舆情还可以化危为机，成为扩大产业知名度、美誉度的契机。

（一）联合监管部门调查处置

舆情处置，不能孤立地不讲事实只讲处置，解决舆情必须建立在解决问题的基础上。特别是在处置涉及产业的相关舆情，要建立在监管部门进行全面、权威调查的基础上，以调查为基础、以事实为准绳、以详尽过程为依托发布调查结论，澄清事实、还原真相、粉碎谣言、回应关切，才能够达到平息舆情的效果。

柳州在应对“虫卵”舆情事件中，正是市场监管部门积极介入处置，并且边处置边通报，才赢得了主动权：2021 年 11 月 30 日发布“处置情况通报”，向公众展示了部门积极处置的态度和处置工作进展；2021 年12月5日发布“食品安全监督抽检结果通报”，公布较为详细的调查过程、调查方法、调查结论，表明了柳州螺蛳粉的质量是可靠的，消除了网民的疑虑，维护了产业形象。

如果确有问题，也要依法处置、如实发布，同时做好“切割”，向公众表明吸取教训、认真反思、举一反三、堵塞漏洞、加强监管的态度，以真诚的态度争取网民的理解、谅解。“真诚是最深的套路，善良是最高的情商”，如果面对问题时避重就轻、躲躲闪闪、回避矛盾、敷衍塞责，只会遭到舆情更大的报复。

（二）提高涉事企业处置能力

在涉及产业的舆情中，企业是舆情应对的主体。对于涉事企业的一些舆情回应的工作，宣传、网信以及监管部门，都无法越俎代庖。而面对突发舆情，涉事企业往往在发现舆情后容易惊慌失措，采取不恰当的方式进行应对和回应，对事态发展“火上浇油”。尤其是对于“网红”产业来说，由于产业迅速“火”起来，人气、销量、营收暴涨，企业忙于应付生产销售而缺乏对舆情处置的知识储备、能力积累，更容易造成处置失误。

在应对“虫卵”舆情事件中，涉事企业在第一则回应中未经全面调查就矢口否认网上传闻，并且态度强硬地暗指幕后有人操纵，显然无法让人信服，反而对舆情进一步发酵起到了推波助澜的负面作用。如此种种，折射了一些企业应对舆情时能力缺乏、思维简单、手法稚嫩的问题。

对此，柳州市专门开设培训班，对企业负责人如何应对舆情进行培训。在此后的“脚踩酸豆角”舆情中，在螺蛳粉协会正面回应舆情的同时，多家企业自发传播相关原材料制作工艺的短视频从侧面回应舆情，就收到了良好的效果。

（三）保持对舆情应对的定力

舆论热点有正向的，也有负面的，还有中性的，但舆论热点也有转换的可能，因此面对舆论热点需要密切关注，审慎研判、分类施策，有针对性地做出科学应对。

就螺蛳粉舆论热点来说，大多数是正面的，还有一部分是中性的，也有极少数是负面的，需要积极引导正向舆情，妥善应对负面舆情，密切关注中性舆情的走向。

例如在“统战螺蛳粉”舆情风波中，从境内外的舆情总体来看，大多数网友是支持柳州螺蛳粉的，并且事实上扩大了柳州螺蛳粉的知名度，可以判断出这一舆情属于中性偏正面。就柳州这样的地级市来说，回应较为敏感的涉台问题存在一定的难度，因此采取关注的态度更为合适。

（四）巧借热点舆情化危为机

事物总有两面性，舆论也是一样，并非所有舆论热点都会发展成为负面舆情。有的舆情出现，还可能是与之关联的产业正面形象获得广泛而深远传播的契机。如果用好这样的网络舆情，采取有效的方式进行引导、引流，很可能进一步扩大“网红”产业的影响力。前述“统战螺蛳粉”舆情，就在一定程度上扩大了柳州螺蛳粉的知名度。

类似情况柳州螺蛳粉也曾遭遇过。2019 年 3 月下旬，“韩国网友号召为螺蛳粉申请非遗”的话题登顶微博热搜榜，也对柳州螺蛳粉产业发展起到了促进作用。根据研判，这样的信息真实的概率较低，但其带来的热点在一定程度上有助于提高螺蛳粉和柳州的知名度。鉴于此，柳州宣传部门指导螺蛳粉协会进行了适当回应，持续推高了话题热度，对螺蛳粉产业发展形成了积极正面的影响。

四、法规护航筑牢“长红”根本

成功应对“网红”产业的舆情，其根本条件是守住食品安全的底线，这就需要制定一系列规范，确保产业在健康的轨道上发展。为促进柳州螺蛳粉持续“长红”，柳州市制定了全国首部米粉类产业发展法规，呵护这一碗特色米粉。

2022 年 9 月 23 日，在自治区十三届人大常委会第三十三次会议第二次全体会议上，《柳州市柳州螺蛳粉产业发展条例》（以下简称《条例》）在表决中获全票批准，定于 2022 年 11 月 1 日正式施行。这是全国首部米粉类产业发展法规。从此，柳州螺蛳粉这一“网红”美食产业有了专门法规护航，为其实现从“网红”到“长红”的跨越奠定了坚实的基础。

这是一部牢记嘱托、感恩奋进的地方性法规。《条例》是柳州为“小米粉”量身定制的首部产业促进类法规，是习近平总书记考察柳州 17 个月后，柳州以地方立法形式践行习近平总书记殷殷嘱托、续写柳州惊奇的又一生动实践，这也意味着柳州以法治赋能柳州螺蛳粉产业高质量发展迈出了坚实的步伐、取得了重大成果。

如何保护和发展地方特色的“网红”产业，将其打造成经久不衰的“长红”产业，是值得深入思考的课题。

产品在网络走红，是口碑传播的过程；而要实现产业“长红”，则需要坚守品质、打造品牌，这就离不开规范的建立。作为广西最大的工业城市，柳州市在袋装柳州螺蛳粉诞生之初，就坚持用工业化的理念、产业链思维做好顶层设计，小心翼翼地呵护这一产业。柳州市通过出台柳州螺蛳粉食品安全地方标准、建立螺蛳粉检测中心、推动原材料基地建设、加密产品质量抽检频次、成立柳州螺蛳粉产业标准化技术委员会等多种方式，建立和完善安全可靠的螺蛳粉生产体系，保障产业规范化发展。同时也要看到，作为“顶流网红”的柳州螺蛳粉，在产品持续热销、品牌影响力与日俱增的同时，遭遇捏造事实的中伤、蹭流量的抹黑以及地理标志证明商标被侵权等现象也偶有发生，若不进一步加强产业引导、规范管理，也可能造成市场乱象，进而损害柳州螺蛳粉的金字招牌。

用好地方立法权，将产业发展纳入法治轨道，是把“网红”产业打造为“长红”产业的关键一招。《条例》从原材料种植（养殖）、生产加工、营销流通、质量监控、品牌建设等多方面入手，对柳州螺蛳粉产业进一步规范化、品牌化发展做出了详尽的规定，构建了从原材料到舌尖的整套规范。这对于监管部门和企业进一步严把柳州螺蛳粉产品质量安全关，推进产业沿着标准化、品牌化轨道健康发展，提供了重要的依据和遵循。

为了贯彻落实习近平总书记对柳州螺蛳粉产业发展的重要指示精神，切实解决好柳州螺蛳粉产业发展中存在的具体问题，同时将全产业链标准体系建设、一二三产业高度融合发展、“柳州螺蛳粉”地理标志证明商标保护等一系列工作实践中总结出的经验，通过立法固化提升，柳州市需要制定地方性法规来进行规范和解决，从而推动柳州螺蛳粉提升产业发展特色、提高产品质量、强化品牌建设保护和产业扶持与服务。

这是一部匠心雕琢的地方性法规。柳州市人大常委会于 2020 年就动议推动柳州螺蛳粉立法，并多次召开务虚会和研讨会，通过广泛征求各方意见，反复研究论证，将该项目列入柳州市人大常委会五年立法规划和 2022 年立法计划。条例草案交由柳州市政府组织起草。柳州市商务局作为牵头起草部门第一时间启动相关调研、起草工作，经柳州市司法局审查后，2022 年 8 月 10 日，柳州市政府常务会议审议通过了条例草案，并形成议案提请柳州市人大常委会审议。

2022 年 8 月 30 日，柳州市十五届人大常委会第七次会议对条例草案进行第一次审议。会后，柳州市人大常委会通过柳州人大网向社会公众征求意见，书面征求自治区立法专家顾问及有关各方的意见建议，组织召开市级立法协商专家论证会、座谈会、集中改稿会和审稿会。该条例在综合各方意见建议的基础上得到了修改完善，经柳州市人大法制委员会统一审议，并报请市委审批后，在 2022 年 9 月 14 日召开的市十五届人大常委会第八次会议上表决通过。2022 年 9 月 23 日，自治区十三届人大常委会第三十三次会议批准了该条例，并定于 2022 年 11 月 1 日起正式施行。

条例制定主要依据《中华人民共和国食品安全法》《中华人民共和国商标法》《农药管理条例》等法律法规，同时参考了自治区人民政府办公厅印发的《关于加快推进柳州螺蛳粉及广西优势特色米粉产业高质量发展实施方案》等指导性文件，借鉴了湖北、贵州、广东等省和南宁、梧州等市在产业促进方面的立法和管理经验。

法治护航，产业兴旺。柳州用好用足地方立法权规范柳州螺蛳粉生产经营秩序，为筑牢食品安全底线构筑了坚实的法治保障，让特色“网红”产业持续健康发展有了刚性约束，将进一步促进柳州螺蛳粉的品牌影响力、市场竞争力，助推产业做大做强。有了地方法规为柳州螺蛳粉产业标准化、品牌化发展保驾护航，柳州螺蛳粉必将能够实现从“网红”向“长红”的跨越。

评 论 4

“网红”产品靠什么“长红”？

不久前，《柳州市柳州螺蛳粉产业发展条例》在广西获批通过，对柳州螺蛳粉产业进一步规范化、品牌化发展做出详细规定，构建了从原材料到舌尖的整套规范，旨在推动螺蛳粉实现从“网红”到“长红”的跨越。

一段时间以来，不少地方特色产品借助直播带货等营销方式快速走红，促进了当地经济发展。手机变成“新农具”，带货带出生产力，地方特色产品通过直播镜头汇聚起数量庞大的粉丝，打破了原本的地域限制，成为助推乡村振兴的新动力。

应看到，依托互联网快速走红，不代表产业能保持“长红”。在产品走俏的同时，一旦放松对品质的追求，做不到规范化发展，就可能产生市场乱象。如何保护和发展地方特色的“网红”产业，将其打造成经久不衰的“长红”产业，值得思考。

产品走红网络是个口碑传播的过程，而要打造规范、“长红”的产业，不可能只依靠网络营销，更需要坚守品质、打造品牌。这就要求有关部门做好顶层设计、建立产业规范，企业坚守品质价值，与行业共同维护品牌。

面对本地特色产品的走红，有关部门不能盲目乐观，要用工业化理念、产业链思维做好顶层设计，呵护、培育产业。例如，及时出台产业发展规划对产业进行政策扶持，从原料基地、产业园区到品牌发展，引导形成本地全产业链，做大做强做精特色产业。

坚守品质、打造品牌，离不开规范的建立。要想避免“网红”产业昙花一现，就需要制定地方标准，建立产品规范；申请地理标志证明商标，防止本地特色产品被外地“截胡”；加大产品质量抽检频次，防止以次充好损害品牌形象；打造公用品牌，提高品牌影响力，建立特色产业发展的“护城河”。像柳州这样，用好地方立法权，将产业发展纳入法治轨道，让地方特色“网红”产业持续健康发展有了刚性约束，抓住了把“网红”产业打造为“长红”产业的关键一招。

“网红”产业不能只享受“红”带来的利好，而不承担“红”背后的责任。在产品持续热销，品牌影响力与日俱增的同时，“蹭流量”等现象可能会出现，需要有关部门、行业与企业形成合力，共同应对。有关部门要加强行业监管，行业要强化自律，企业要强化质量控制，共同维护好地方特色产业的品牌形象。

（作者李斌，原载于2022年10月29日《经济日报》5版，有删改）

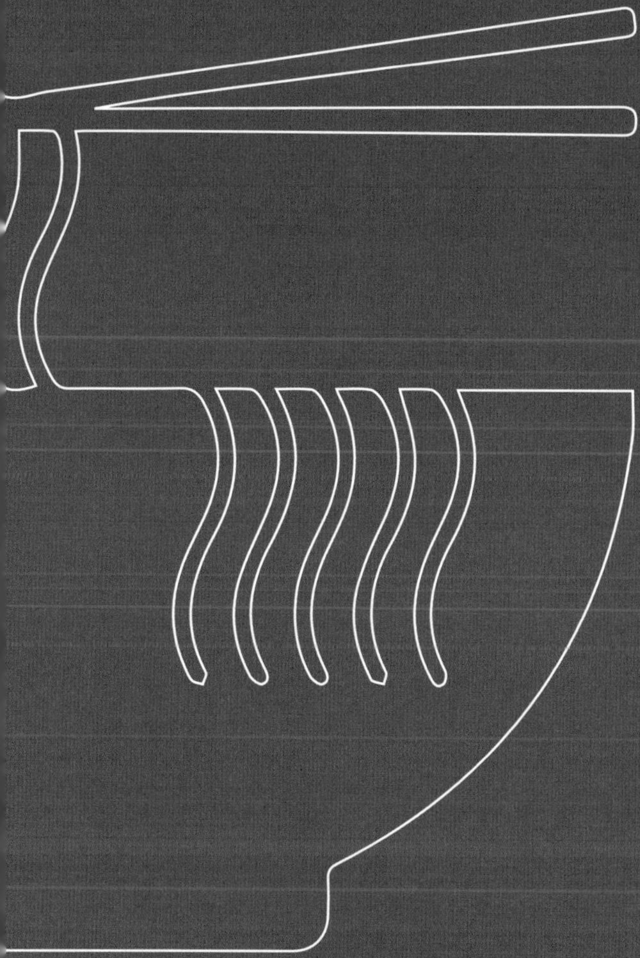

·第八章·

出圈：“一碗粉”带火“网红城”

"一碗粉"带火一座城。借助特色产业"引流"，让"舌尖"带动"脚尖"，助"流量"成为"留量"，柳州的城市形象成功"出圈"，网上有美誉度、网下有能见度，天南地北的游客"寻味"而来，一个个景点也随之爆红网络进入大众视野。

从2011年"螺蛳粉进京"项目实施开始，柳州打开了构建和传播城市形象的突破口。柳州螺蛳粉从"现煮堂食"变身"袋装速食"，成为风靡网络的"网红"，并大量出口海外。柳州以此为契机，精心制造话题，积极谋划活动，借助传统媒体和新媒体放大声量，讲好产业、品牌和城市的故事，在媒介平台的曝光量持续走高，形成了独特的城市符号，同时借此通过塑造城市的"媒介形象"建构和传播城市形象，吸引了众多螺蛳粉"粉丝"前来打卡，柳州由此成为"网红城市"。

一、"网红城市"的表现形态和特征

"网红"资源是宝贵的经济发展资源。《中国互联网发展状况统计报告》指出，网络直播、网络社交推动社交媒体营销兴起，利用人与人之间的口口相传拉动消费增长，形成"网红经济"、信任经济等新经济模式[①]。从某种程度上来说，"网红经济"实质上是一种"眼球经济""流量经济""注意力经济"。这也意味着，

① 海潮.打造"网红"城市　营销"长红"之道[N].广西日报，2023-02-17(6).

一个地方用好“网红”资源、打造“网红城市”，其实就是接纳、尝试、发展一种新的经济形态。

在奔向“网红城市”的道路上，许多城市依托各自独特的资源禀赋，打的牌也各不相同：淄博主打的是烧烤、西安主打的是文化底蕴、天津主打的是大爷“整活”、长沙主打的是吸引“新新人类”、贵州台江主打的是“村BA”……不同的方法成就了不同的“出圈”路径和表现形式的“网红城市”。

经过实地和网络等多种方式对相关“网红城市”的“出圈”路径进行调研和剖析，当前我国“网红城市”是由历史文化、自然景观、经济总量、人口规模、产业特征等多种因素综合作用的结果。但就“网红城市”的突出特点来说，可以分为文化底蕴型、自然景观型、时尚消费型、人间烟火型、“网红”带动型等五种类型。

（一）文化底蕴型

中华上下五千年，经历了风风雨雨，在新时代的征程中，一座城市深厚的历史文化底蕴，在移动互联网时代有着强大的生命力，也自带传播力。不少城市立足自身深厚的历史文化积淀，积极借助互联网进行宣传，成为“文化底蕴型”的“网红城市”。

以陕西西安为例，作为我国六大古都之一，也是世界上最古老的城市之一，它曾是13个朝代的都城，见证了中国历史上许多重大事件和变革。它拥有着丰富而独特的历史文化遗产，如兵马俑、大雁塔、钟鼓楼、古城墙等，置身其中，人们可以亲身感受到中华文明的源远流长和博大精深。

这座拥有着千年历史和深厚文化底蕴的古城，近年来却展现出了一种与时俱进的现代魅力。无论是在抖音、快手等短视频平台上，还是在微博、微信等社交媒体上，西安都成了一个热门话题和打卡地。西安的美景、美食、美人、美事，都吸引了无数年轻人的目光和关注。近年来，西安旅游频频“出圈”，不只是依靠兵马俑、大雁塔、华清池等传统景点，还依托长安十二时辰、大唐芙蓉园、大唐不夜城等后起之秀。这些新秀作为当地建设的文化创意园区，凭借影视作品、短视频推广被全国游客所熟知。

韶光易逝，凭借一时“出圈”的“网红”如昙花一现，唯有深厚文化底蕴才是城市灵魂所在。“国潮”作为文化自信的外在表现形式受到越来越多人的追捧，作为千年古都的西安与现代文化碰撞出更为奇妙的“化学反应”，如华清宫景区瞄准沉浸式唐文化之旅，深入挖掘历史遗迹的文化内涵，让游客品大唐盛景、与“古人”互动，其打造的实景演出《长恨歌》成为互联网上炙手可热的“国潮”IP。另外，古城西安还有浓厚的音乐氛围，时常有民间乐队在西安城墙洞下演出，年轻人齐声高唱挥洒青春，给这座有厚重历史文化积淀的古城不断注入新生代的活力，也让老祖宗留下来的历史文化资源成了打造文化“网红”进而打造“网红城市”的宝库。

近年来的“网红城市”如成都、南京、丽江、大理、婺源等，在相当程度上是借助了当地深厚的历史文化资源。

（二）自然景观型

仁者爱山，智者乐水。奇山秀水，古时是文人墨客的钟爱之地，而今是无数网民的神往之所，一直保持着较高的热度。在互联网时代，美景更是拥有着巨大的流量。近年来，一些有着独特自然景观的城市，吸引了众多游客前往体验，在互联网平台也保持着较高的关注度，“美景流量”成就了这类“自然景观型”的“网红城市”。

较为典型的是桂林。“桂林山水甲天下”这千古名句让桂林山水广为世人所知，漓江山水的结合让人不得不感叹大自然的鬼斧神工。拥有“船行碧波上，人在画中游”绝美意境的“两江四湖 · 象山”景区、20 元人民币背景的“黄布倒影”等“网红景点”，长期吸引着众多游客，也有着较大的网络流量。2023 年 7 月，一段在动车上拍摄的短视频在各大社交平台热传：动车经过桂林时，远处连绵的群山、碧绿的湖水犹如一幅动人的山水画，旅客突然站起来拍照，车厢里全是“哇哇哇”的赞叹声。这段视频火爆“出圈”，获得数以亿计的浏览量，也让这座被语文课本“种草”的旅行胜地在网络上再次让无数人憧憬。经考证，这段视频拍摄于阳朔站东南方向 1.5 公里处。

“老天爷赏饭吃”，让一些天赋异禀的城市在互联网上比较轻松地赚取了流量，轻而易举成了经久不衰的“网红”。这样主要依托“美景流量”成为“网红城市”的还有不少。例如海南三亚，因为拥有绝美的海滩和丰富的自然资源并且气候宜人，被人们称为“东方夏威夷”，常年吸引着各地游客，也在网上保持着较高的关注度。

（三）时尚消费型

当前，国内一些城市借助打造时尚消费场所和舒适愉悦的消费体验，持续激发着年轻人的消费新动能，催生了以年轻消费群体为主体的“时尚消费型”的“网红城市”。

湖南长沙就是“网红”经济浪潮中的弄潮儿，通过打造“网红经济”，长沙的经济效益实现了实实在在的增长，并焕发了无限活力。去哪儿网数据显示，在 2023 年“十一”假期“00 后最爱去的城市”排名中长沙高居榜首；美团发布的数据显示，夜间玩乐消费排名前五的城市，长沙位列全国第三。长沙在文化产业、饮食文化、休闲文化、烟花产业和旅游体验等方面都有自己独特的特色。作为“网红城市”，长沙的“炽热”无处不在——国金中心的一家咖啡店，创造了单店日售千杯咖啡的纪录；茶颜悦色、文和友、墨茉点心局等，这些在长沙诞生、发展的新消费品牌的店面前永远排着长队。《长沙市 2022 年国民经济和社会发展统计公报》显示，2022 年末，长沙市常住总人口 1042.06 万，比上年末增长 1.8%，人口增量 18.13 万。长沙人口增量在已公布数据的 GDP（国内生产总值）万亿城市中排第一，超过杭州、合肥、武汉、成都，居中部省会城市首位[①]。

城市形象更贴近年轻人审美，让长沙成功“出圈”。另外，重庆也是依托

① 柴归. 从网红到“长红”，长沙为什么越来越招年轻人喜欢［EB/OL］.（2023-04-17）［2023-11-01］.https：//baijiahao.baidu.com/s?id=1763429979563748460&wfr=spider&for=pc.

“宠粉”举措吸引了众多年轻人前往旅游和消费。作为一座充满活力和魅力的城市、一座“8D”魔幻城市，重庆有着独特的城市景观，在这基础上，重庆还花式“宠粉”：为方便游客站在千厮门大桥上拍洪崖洞，专门修建了千厮门大桥城市景观阳台，每当“五一”“十一”等旅游旺季还对机动车进行交通管制，让千厮门大桥变成人行桥供游客参观；修建专门的观景台让游客看“轻轨穿楼”；各热门景点、公交地铁推迟关闭时间，让重庆的夜“延长”……重庆真诚待客受到游客普遍称赞。

（四）人间烟火型

当前，部分游客关注的不仅是名胜风景，更期待体验以美食、建筑、文化等为载体的独属于目的地的生活环境与生活方式，友好的消费环境和“平民化”大型消费服务由此受到热捧。尤其是成长于互联网时代的“90后”等年轻一代，对“好看、好玩、好吃”有着不同于老一辈的消费习惯，更加喜欢“有个性、有温度、没距离、能互动”的城市，这催生了当前流行的“反向旅游”“特种兵式旅游”等旅游方式。这让一些中小型城市能够有机会走出区别于前述或财力强大，或历史悠久，或自然景观优美，或城市能级较高的“网红城市”的“出圈”路径。这样的城市，可以称为“人间烟火型”的“网红城市”。

山东淄博是这类城市的典型代表。2023年3月，一把烤串将淄博送上热搜，话题“大学生组团到淄博吃烧烤”登上抖音同城榜热搜第一，搜索量一度高达525.3万次。淄博烧烤火了，一跃成为网络“顶流”。“小饼烤炉加蘸料”淄博灵魂烧烤三件套，一举吸引了全国各地年轻人的目光，掀起了一场“进淄赶烤”的热潮。美团、大众点评数据显示，“五一”期间淄博旅游订单量（含酒店、景点门票）同比增长超2000%[①]。

淄博为了增加游客的体验感，专门开通烧烤专列，新增21条“淄博烧烤”

① 唐莹莹．“五一”抢火车票堪比春运，淄博旅游订单同比增长超2000%［EB/OL］.（2023-04-15）［2023-11-01］.https：//www.thepaper.cn/newsDetail_forward_22716354.

公交专线，还在专列座位上摆放免费的食品；成立烧烤协会，增加保安，随时巡逻所有烧烤店；要求烧烤店不坑客人，司机不宰客；淄博人民自发用私家车载客，只要需要，随时招手，随时停靠，免费护送……一系列操作，让游客深刻感受到了淄博这座城市的博大、好客。

与淄博相似的还有甘肃天水，2024 年 3 月，“天水麻辣烫”突然爆红，“泼天的富贵”带火了这座西部城市，吸引了众多人的目光。

另外，靠着“村 BA”火起来的贵州台江，也是县级“人间烟火型”的“网红城市”的代表。台江“村 BA”于 2022 年夏天火爆“出圈”以来，迅速形成现象级传播，成长为全国性赛事，成为全国蓬勃展开的“村”字头系列文体活动的开创者、引领者，成为贵州文明乡风新名片和群众文化新亮点。中共台江县委常委、宣传部部长潘年景介绍，该赛事引发线上线下广泛共鸣，推动“村 BA”持续火爆，场均观赛人数 2 万人左右，全网流量超 300 亿次，让观众感受到乡村篮球赛的激情和民族文化的魅力，带动“农文旅体商”融合发展，展现出乡村振兴美好图景和体育事业发展无限可能，呈现人间烟火繁华和盛世国泰民安景象[①]。

这些知名度略逊一筹的中小城市，凭借自身的“烟火气”、生活味，在某个阶段的流量比肩甚至超过大城市和传统知名旅游城市。调研发现，许多能级较高的城市，也在“烟火气”、生活味上下功夫：长沙的历史文化街区，就是一个长沙人传统生活场景的全景式重现，保留着浓厚的烟火气息，生活气息扑面而来；西安市鼓楼的边上汇聚了众多美食回民街，成了打卡西安的必游之地；2023 年夏天，“生存一分钟，快乐 60 秒”的口号让天津跳水大爷们成为“全网顶流”，狮子林桥也成了网友口中的“8A 级景区”，面对“海河禁止游泳”的规定以及如此跳水存在的安全隐患，天津采取引导而非禁止的态

① 潘年景 . 贵州台江“村 BA”出圈出彩赋能乡村振兴展现无限可能[EB/OL].(2023-09-14)[2023-11-01].https：//m.thepaper.cn/baijiahao_24610295.

度，抓住了这一波流量。

（五）“网红”带动型

在互联网时代，一个“网红”也能带火一座城市。丁真走红后让理塘名声大噪，“北上广曹”让曹县“出圈”……一个个“网红”目的地随之突然爆红，接棒出现。一些具有独特景观的中小城市借助某一特殊人物、事件、音乐的特殊影响力，迅速蹿红，吸引了人们的注意力，形成网络爆点，对城市起到了很好的宣传和推广作用。

丁真本是四川理塘的追风少年，他纯真的笑容里有原始的野性，黝黑的皮肤衬出眼睛的澄澈，只因买一包泡面，闪现过摄影师的镜头便爆红全网。厌倦了油头粉面、妖里妖气的网友，被这个横空出世的“甜野男孩”迅速圈粉。一个月内，他 6 次登上微博热搜榜，有关他的话题阅读量高达 14.4 亿次。2020 年 11 月 25 日，《丁真的世界》宣传视频一发布便引发广泛关注，上线不到 12 小时，视频播放量突破千万次，互动量超 70 万次[①]。随之爆红的不只是丁真，还有他出生的那片土地，纯净的藏族男孩，配上纯净的蓝天、白云和青草地，让无数常年生活在钢筋混凝土森林里的都市居民心之向往。

曹县走红网络，也与“网红”人物的助推密不可分。曹县的走红起因是在短视频平台上，一位博主用山东方言的口音喊出“山东菏泽曹县 666 我们勒宝贝”的口号，引发众多网友模仿或调侃，在社交平台上相关话题阅读量超过了 5 亿次[②]。

如此巨大的关注度，一次次刷新了互联网用户对于“网红”的认知，也带动了不少文旅干部通过网络方式推介本地旅游资源。在丁真带火理塘之后，身披斗篷、策马扬鞭的女副县长贺娇龙带火了西部小城新疆伊犁昭苏县；在旅

① 田雪皎，张杰 . 藏族小伙丁真奇幻走红　成了“理塘形象代言人”[EB/OL].(2020-11-29)[2023-11-01] .http：//sc.china.com.cn/2020/toutu_1129/389615.html.

② 刘晶瑶 . 读懂“宇宙中心曹县”热梗背后的期待[EB/OL].(2021-05-20)[2023-11-01] .https：//baijiahao.baidu.com/s?id=1700237123799809898&wfr=spider&for=pc.

游推介会上因帅气的长相而意外走红的文旅局局长刘洪，全网曝光量已突破100亿次，也带动了四川甘孜藏族自治州在2021年接待游客总量突破3500万人次；敢于“献丑”“出圈”的文旅局局长解伟推动了湖北随州知名度飙升。

2023年初，各地文旅局局长更是“花式代言”：飙英文、秀热舞、骑马、射箭的四川省甘孜藏族自治州道孚县文化广播电视和旅游局局长降泽多吉；在零下20摄氏度身穿鄂伦春族白鹿服饰为家乡代言的黑龙江省大兴安岭地区塔河县文体广电和旅游局局长都波；身穿少数民族服装的“90后”贵州省大方县文化和旅游局副局长吴姣姣；在沙漠里翩翩起舞的新疆沙雅县文化和旅游局局长热娜古丽……“花式出镜”的文旅局局长们，成功地带动了流量，形成了一定的热度。

二、柳州成为“网红城市”的具体表现

当代中国与世界研究院发布的《中国国家形象全球调查报告2018》显示，饮食文化已经成为备受国际民众关注的中国代表性名片之一。正如兰州拉面之于兰州、“狗不理”包子之于天津、过桥米线之于云南，螺蛳粉已经成为柳州独特的城市符号。俗语说“螺蛳壳里做道场”，柳州就是通过一碗螺蛳粉做成了一篇大文章[①]。

柳州凭借一碗螺蛳粉，征服了数以亿计的食客的味蕾，也让这座城市成功“出圈”，成了“网红城市”。并且，由于柳州螺蛳粉持续走红，柳州也不断突破“网红周期率”，逐步成了“长红城市”。柳州的“网红”表现，在“网红美食”、网络呈现、线下表现、旅游数据、媒体评价五个维度有着突出体现。

① 李斌，肖潇.用好“可食用的名片”推进城市形象的国际传播：以螺蛳粉推动柳州城市形象建构和对外传播为例［J］.对外传播，2019（11）：65-67.

（一）“网红美食”

把米粉和螺蛳汤结合起来制作螺蛳粉，是柳州民间的一大创造。柳州螺蛳粉诞生于20世纪70年代末80年代初的柳州夜宵摊，并逐步风靡全市。追溯螺蛳粉历史，至今不过40年有余，而从2014年底第一家袋装柳州螺蛳粉企业诞生，柳州螺蛳粉就迅速风靡网络，并实现了俏销全球。柳州几乎每天都向世界发出数百万张“可食用的城市名片”。袋装螺蛳粉不仅在国内热销，还大量出口美国、加拿大、日本等20多个国家。2023年，柳州螺蛳粉出口货值约1.0125亿元。

人类的媒介接触，正在从读书、听广播、看电视转向导航，超越了媒介固着于抽象符号系统的限制，开始转向一种直抵生存现实的基础性实践，这极大地拓展了人与媒介关系[①]。在当前这个“万物为媒”的时代，网销量巨大的柳州螺蛳粉，无疑也是一个重要的媒介，传播着与之相关的产业、地域文化等。柳州积极用好螺蛳粉带来的流量，运用螺蛳粉这张“可食用的城市名片”，讲好产业故事、城市故事、发展故事，提高城市知名度，推动柳州“网红粉”带动“网红城”。

相比淄博烧烤、天水麻辣烫，柳州螺蛳粉的“红”则更具传播力，因为工业化生产的袋装柳州螺蛳粉，给人们购买带来了极大的便利，使之具有持久的生命力。其效果正如2024年3月某微信公众号文章《淄博和天水，离柳州还差一袋螺蛳粉》所写的：“一个淄博火了，下一个天水续上了，注定的，天水的热闹也是暂时的，很快又会有下一个‘淄博’‘天水’冒出来，如何成为‘柳州’，才是更深刻的命题。”

“一碗粉”带火一座城。借助特色产业“引流”，让“舌尖”带动“脚尖”，助“流量”成为“留量”，柳州“网红城市”的形象成功“出圈”，线上有美誉度、线下有能见度，天南地北的游客“寻味”而来，一个个景点也随之爆红网络

① 孙玮．媒介导航的数字化生存［J］．国际新闻界，2021，43（11）：6-22.

进入大众视野。每逢节假日，“排队两小时，嗍粉五分钟”是柳州不少螺蛳粉店的日常，“自驾2000公里只为吃一碗柳州螺蛳粉”这样的事例，在各大视频平台屡见不鲜。

（二）网络呈现

微博、抖音、小红书、视频号等平台上不时产生热点、爆点，“自驾2000公里只为吃一碗柳州螺蛳粉”等信息在网上广泛传播，吸引了更多人来柳州探秘。2023年4月28日，“澎湃·美数课”发布《大数据解读丨游客潮将强势回归，今年五一出行有何不同？》。据2023年“五一”期间酒店预订量排名前五十的城市榜单显示，较2019年同期增幅最高的前三名皆为三四线城市。其中，柳州市2023年“五一”期间酒店预订量较2019年同期增幅达到800%，仅次于山东威海，位列全国第二，成为大众最爱挖掘的宝藏城市之一①。根据相关统计，柳州螺蛳粉搜索指数已超过重庆小面，而柳州的城市搜索指数也已超过“山水甲天下”的桂林。②

（三）线下表现

2023年春节以来，柳州市区的游客量突然暴涨。远道而来的游客深深地爱上柳州这个魂牵梦萦的“素未谋面的老家”，各个“宝藏景点”也被细心的网友挖掘了出来：柳江上有着80多年历史的柳江铁桥也“被迫营业”，成了游客拍照的“背景板”；支付3元就可以游览柳江的“水上公交”也火了，高峰期登船的游客排起了一两百米长的队伍；可以俯瞰城市风貌的马鞍山，人们在山脚排队经常长达上百米，人们争相上山观赏城市景观灯集体亮起的瞬间，仪式感满满的亮灯倒计时视频传遍网络。

---

① 赵佐燕，王亚赛，马逸欣．大数据解读丨游客潮将强势回归，今年五一出行有何不同？［EB/OL］．（2023-04-28）［2023-11-01］.https：//www.thepaper.cn/newsDetail_forward_22816234.

② 澎湃新闻．100多个长寿之乡，谁先跑出下一个千亿级柳州螺蛳粉？［EB/OL］.（2024-07-15）［2024-07-20］.https://www.thepaper.cn/newsDetail_forward_28065348.

▲ 2023 年 6 月 4 日，游客在柳州市马鞍山山顶观景平台欣赏城市夜景

一个个“网红”打卡点被网友创造了出来：位于柳州五星步行街的一个消防栓火了！不少青年男女在消防栓前排队拍照，在社交媒体上，这里被称为拍摄最炫酷的“柳州三件套”都市大片的最佳角度，并附各种拍摄“教程”。许多游客来到柳州，都会对照攻略找到这个消防栓打卡。就连柳州街头的垃圾桶作为“新奇玩意儿”也被游客发掘出来了。这种双桶垃圾桶上面有一只大蝴蝶的形象，夜晚可以发光并变换颜色。不少年轻游客认为这很新奇，有的游客甚至靠在垃圾桶旁拍照留念。这一切都表明，柳州确实“红”了。

（四）旅游数据

从柳州市文化广电和旅游局提供的旅游数据来看，除去疫情的影响，柳州的游客数量和旅游收入呈逐年增加的趋势。从图 8–1、图 8–2 可以看出，2013 年全年，柳州共接待游客约 2283 万人次，实现旅游总收入约 185 亿元；2023 年，共接待国内外游客约 8069 万人次，实现旅游总收入约 885 亿元。从游客总人数来看，2023 年游客量是 2013 年的 3.5 倍，到柳州旅游的人数飙升。对此，有媒体以《一座更像旅游城市的工业名城》为题报道柳州。

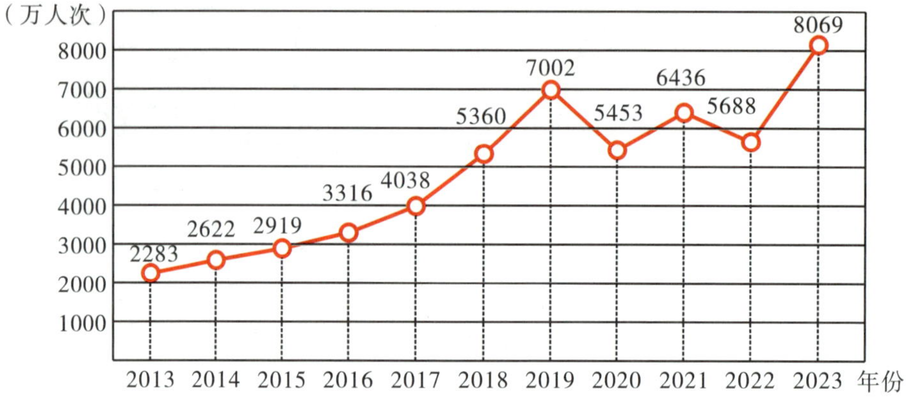

图 8-1　2013—2023 年柳州年游客人数曲线图

注：数据来源于柳州市文化广电和旅游局。

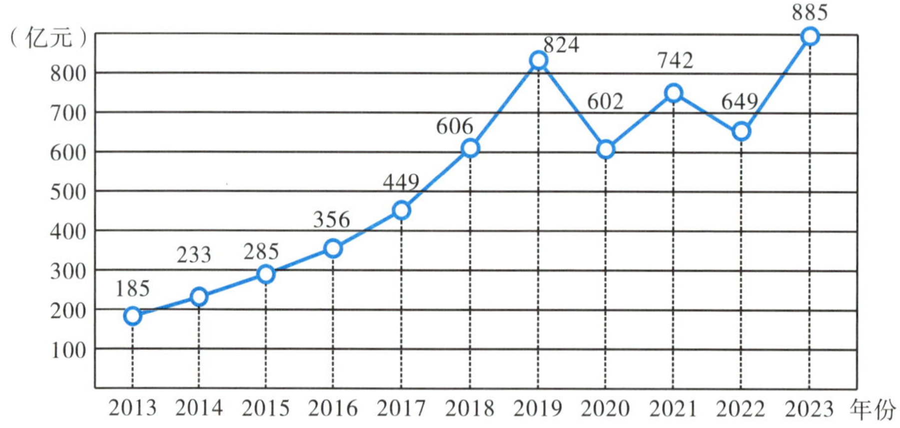

图 8-2　2013—2023 年柳州年旅游总收入曲线图

注：数据来源于柳州市文化广电和旅游局。

其中，2021 年“五一”期间柳州市接待旅游人数 271.33 万人次，旅游消费收入 24.99 亿元，接待旅游人数位列广西第一。2023 年“五一”期间，全市接待游客 390.14 万人次，同比增长 103.6%；实现旅游消费收入 35.93 亿元，同比增长 111.1%。从旅游数据也可以看出，柳州成了游客向往的旅游目的地，也说明了柳州成了“网红城市”。

（五）媒体评价

近年来，众多新闻媒体给予了作为“网红城市”的柳州诸多积极评价，柳州由此树立“网红城市”的媒介形象。

一是 2021 年 2 月 4 日《南方周末》刊登的《2020 年城市形象传播年度观察报告》发布 2020 年十大“最具能见度”城市，柳州凭借螺蛳粉的传播力成功“出圈”，成为“风味之城”，排名 2020 年十大“最具能见度”城市第二位，仅次于北京，在成都、三亚、武汉等城市之前。

二是《新周刊》刊登的《2022 年度生活方式报告》发布“2022 年十大出圈小城”，柳州位列第二。该刊称：“作为以螺蛳粉闻名全国的城市，柳州在这两年实实在在地小火了一把。但在会玩的人眼里，这座小城，可不只嗍粉这么简单。”“行走在柳州街头，喀斯特地貌的公园、民族风情的侗寨与古镇、嶙峋的石峰森林，甚至满城盛放的紫荆花，都在告诉你：柳州不输给任何一个‘网红城市’。”[①]

三是 2023 年 5 月 18 日，中国新闻社播发报道《淄博烧烤“问道”柳州螺蛳粉，中国‘网红城市’探索“常红”之道》，称“南柳州，北淄博”是当年“出圈”的中国两大“网红城市”。

四是 2023 年 6 月 12 日《经济日报》刊发评论称：“今年春节以来，随着柳州螺蛳粉继续火爆，全国各地的游客纷纷前来柳州打卡。广西柳州，一跃

① 李不醒 .2022 年十大出圈小城［EB/OL］.（2022-12-23）［2023-11-01］.https://www.shangyexinzhi.com/article/5880828.html.

成为‘网红城市’。不只是柳州螺蛳粉‘红’，整个城市都‘红’。”①

三、“网红城市”面临多重挑战

“网红”因网而生、因网而兴，其发展壮大很大程度上依托网络舆论带来的正向评价，是口碑在网上不断积累的结果。同时也应注意到，“网红”大流量作为“泼天的富贵”可以带红一个产业、带火一座城市，同时也可能带来“泼天的麻烦”。“网红城市”层出不穷，超高的人气并不意味着一定就能带来正面效应，稍有不慎也会被流量“反噬”，不但不能建构和传播正面形象，还会带来不少负面的影响。

相对来说，由于“网红城市”在舆论场上受到较高的关注，一些细小的事件也容易触发“蹭流量”的网络炒作，给城市形象带来负面影响，阻碍迈向“长红城市”的进程。

柳州要实现从“网红”向“长红”的跨越，要保住城市形象的底线，需要密切关注并及时规避食品安全、旅游安全等方面的风险，并防范极端个案旅游体验带来的恶评风险以及敏感问题带来的负面舆情。

（一）“网红”产业食品安全风险

如前文所述，柳州“红”是因美食而红，具体来说是因柳州螺蛳粉“出圈”，这是柳州成为“网红城市”的基本盘。

对于“网红美食”来说，最大的隐患是食品安全问题。地方特色产业特别是食品产业，往往比较脆弱，如若做不到规范化发展，从“红”到“黑”、从爆红到覆灭，往往就在旦夕之间。例如，2023 年 10 月 19 日，一名身穿青岛啤酒工服的工人在青岛啤酒三厂内公然小便，这一事件引发了广泛的关注和热议，知名品牌由此备受指责，被称为“一泡市值上亿的尿”。

① 童政. 网红城市如何长“红”[N]. 经济日报，2023-06-12（8）.

截至2023年，袋装柳州螺蛳粉生产企业超过百家，市区更有上千家的柳州螺蛳粉实体店，任何一家企业或店面曝出食品安全问题，都可能被放大传播，进而破坏柳州螺蛳粉的整体形象。因此，必须要下大力气进行行业规范管理，防范因食品安全问题引发重大负面舆情，这是柳州实现从“网红”向“长红”跨越必须保住的底线。

（二）“网红景点”旅游安全风险

“舌尖”带动“脚尖”，仿佛一夜之间，柳州变成了一座旅游城市。已有80多年历史的柳江铁路桥“被迫营业”，成了游客拍照的“背景板”；支付3元就可以游览柳江的“水上公交”也火了，高峰期登船的游客排起了一两百米长的队伍。可以俯瞰城市风貌的马鞍山，人们在山脚排队经常长达上百米，争相上山观赏城市景观灯集体亮起的瞬间。更有趣的是，位于五星步行街的消防栓也火了，不少青年男女在消防栓前排队拍照，在社交媒体上，这里被称为拍摄最炫酷的“柳州三件套”都市大片的最佳角度，并附各种拍摄教程。许多游客来到柳州，都会慕名找到这个消防栓“打卡”。

游客量的大增，也暴露出柳州市旅游基础设施的不足。例如马鞍山游客容量有限，登山步道陡峭，观景平台较少，山上危岩虽经治理但风险仍难以完全消除，仍存在发生踩踏、滚落山崖、落石伤人等风险。媒体还曝出一些游客因正门限流走“野路”上山的问题，存在摔伤、蛇咬等风险。还有一些游客选择鹅山等较为冷门、旅游基础设施不佳的景区登山观景，更易发生危险。

除此之外，游船的水上运输安全风险、“网红景点”游客占道存在的交通安全风险等，都应该引起重视，加以防范。

（三）旅游体验带来的恶评风险

旅游是一种让人放松身心、体验新事物的方式。人们去旅游，主打就是要安心、放心、舒心、暖心。在这样的情况下，突破底线的极端个案被炒作放大形成标志性负面事件，如“青岛天价大虾事件”“丽江导游不让游客睡觉”

等，极易引发网络恶评，影响城市整体形象。涉及大众消费的负面事件，更容易殃及营商环境，这几年不少地方出现宰客事件，直接导致城市的风评变差，人们理所当然怀疑当地民风不正。如果相关部门还睁一只眼闭一只眼不问事，谁敢“自投罗网”？

例如 2023 年 4 月，桂林木龙湖景区就因“55 元厕所门票”引发关注。4 名游客内急需要上厕所，游客由于一时之间也找不到厕所，看到木龙湖景区有厕所，准备去景区里面上厕所，但因他们没有买门票，被景区门口的检票人员拦住了，景区工作人员一边要求买门票，一边强行把游客往外推，说上厕所必须买 55 元景区门票，否则就不给上。游客将这一过程录下来放到网上，立马引起了舆论，网友认为景区不人性化，掀起了一场舆情。事发后，桂林市相关部门立即约谈景区负责人，责成其加强员工培训，提高文明服务水平，规范经营行为，营造文明旅游的良好环境。随后，景区联系该游客表达歉意，景区闭门整改。有网民指出，景区大门附近其实就有公共厕所，游客逃票的动机明显。然而，就是这么一个本来很小的个案在网上传播，也从一定程度上影响了桂林旅游市场的整体形象。

对视频平台调研发现，2023 年 11 月，某网友在微信视频号发布“桂林人都不推荐来的桂林阳朔，到底是不是真坑？”“桂林山水，到底是甲天下还是假天下？”“我在桂林阳朔被坑 50 元消费后，竟然等来了这个结果……”等 3 条短视频抨击桂林旅游，每条转发量均超过 2 万次，其中一条转发、点赞数均超过 10 万次，评论区更是成了吐槽桂林的集中区。不排除网友蹭热度故意抹黑的可能，但这样的负面网络传播极易破坏当地旅游形象，值得高度警惕。

地方的安全环境，也是影响游客好感度、网上好评度的重要因素。从具体案例可以看出，一些旅游恶评事件防不胜防，将本来的正面事件变成了负面事件，让该地深受其害。2023 年“十一”假期，“中原迷笛音乐节”在河南南阳市举办，活动囊括了 80 余组国内外乐队，4 天接待游客 15 万人次，起初大量沉浸式的欢乐画面通过视频平台传播，包括央视《新闻联播》也播出简讯点赞，收到了“一‘节’出圈，全城出彩”的传播效果。当地媒体在10月3日刊发评论称：“南阳以音乐为媒，打造‘音乐之城’、汇聚年轻力量建设青春南阳的大胆探索和生动实践。”然而，好景不长，就在当地还在为音乐节给城市形象传播带来巨大的流量而欣喜之时，从10月4日晚开始，“迷笛音乐节”相关话题接连登上热搜榜，但这次讨论的不是音乐节本身，而是现场出现的多起盗窃事件。“上个厕所回来，就发现帐篷没了，衣物被洗劫一空。还有人在搜刮帐篷里的笔记本电脑等贵重财物。”社交媒体上，不止一位网友反映了类似的情况，“音乐节”变成“音乐劫”，原本的城市盛宴因多起盗窃事件引发广泛关注。虽然部分盗窃者已被抓获，但此事给南阳城市形象造成的严重负面影响却很难挽回。

综上所述，柳州要实现从“网红”向“长红”的跨越，必须对这些偶发的可能突破网民认知底线的问题高度重视，将问题解决在萌芽状态，避免形成重大负面舆情。

（四）敏感问题的网络舆情风险

城市形象的好坏，可以是自己定义的，但更多是网民和外来者定义的。因此，一次较大的负面舆情事件，常常会抵消地方很多的努力成果，甚至让游客和投资者闻之却步、敬而远之。良好的城市形象需要舆论场中大量的正面信息维系，而一些容易引发负面炒作的敏感问题，对于城市形象的影响很大。

对于“网红城市”来说，其本身无论正面还是负面的话题，都比一般城市更容易引发网络舆论关注。因此，要密切关注城市存在的易引发网络负面炒作的敏感问题，防范这些问题影响城市在网络上的正面形象，进而影响游客对城市的好感度。

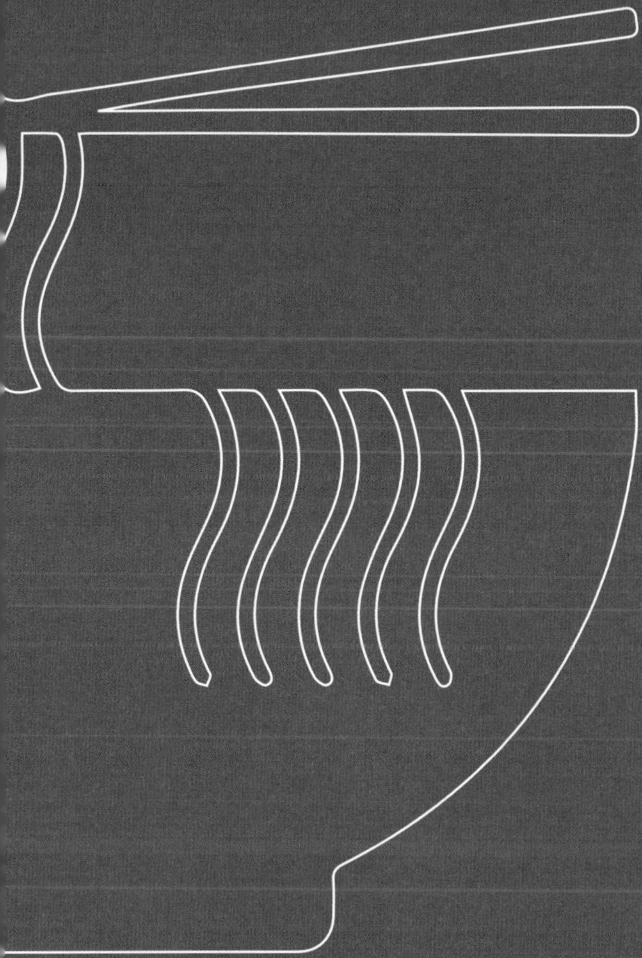

·第九章·

内核：柳州“长红”的基础

生活在互联网时代，网络将每个城市的良好形象带给全国乃至全世界人民，“网红城市”由此诞生，“网红经济”也随之而来，“网红城市”也逐渐成为许多城市形象宣传的新目标。其实更多的城市能“红”，根本原因是其深厚的城市底蕴、独特的城市文化、秀美的城市风光、可口的城市美食、舒心的城市环境等通过网络这个大众媒介，走进了更多人的视野，被人们了解和熟知。

作为“网红城市”，柳州“红”，从表面来看是借“螺”增“粉”，而深入探究柳州城市的内在，则会发现这是厚积薄发、蹄疾步稳、蓄力前行的“红”。按照前述几种“网红城市”的分类，柳州既非依托“老祖宗”眷顾成为的“文化底蕴型”的“网红城市”，也非靠“老天爷”垂青成为“自然景观型”的“网红城市”，也难以成为“时尚消费型”的“网红城市”，而是借助螺蛳粉“美食流量”形成的“‘网红’带动型”的“网红城市”。因螺蛳粉而“红”的柳州，良好的经济基础为其城市形象增添硬实力，深厚的历史文化底蕴赋予其独特的感召力，浓郁的“网感”特质提升了柳州话题的传播力，厚植民生福祉擦亮幸福底色增强其亲和力，上述因素奠定了柳州“长红”的牢固基础。

（一）良好的经济基础为柳州形象增添硬实力

城市实力是柳州城市形象建构和传播的“利器”。就柳州来说，其经济总量位居广西第二，工业生产总值长期位居广西第一，是素有“桂中商埠”之称的广西副中心城市，良好的经济基础让柳州有着较强的硬实力。

1. 工业基础雄厚

以工业为“根”、为“魂”的柳州，近年来抓住新能源汽车发展的机遇，不断推进产业结构调整和升级。至 2022 年底，柳州生产的汽车已超过 3000 万辆，以每辆车 4.5 米计算，这些车首尾相接可绕地球赤道三圈多。至 2023 年底，柳州出口汽车累计已超过 100 万辆。2022 年，柳州制造的新能源汽车占全国总产量的 1/10，五菱宏光 MINI EV 创下连续 28 个月蝉联中国品牌纯电汽车销量第一的纪录。新能源汽车的“柳州模式”更是引发日、美、英等国媒体争相报道。

▲ 柳东新区安吉物流园里，工作人员检查准备外运的新能源汽车

除此之外，柳工海外业务的贡献率已跃升到35%，业务涉足的国家与“一带一路”共建国家高度契合；柳州欧维姆机械股份有限公司参与建设土耳其博斯普鲁斯海峡三桥等一系列的世界级工程，国际营销网络覆盖50多个国家和地区；两面针集团的产品已打入新加坡、马来西亚市场……

在这个“万物为媒”的时代，工业产品自带传播属性，特别是如“五菱神车”等自带流量的“网红”产品，皆为柳州城市形象传播赢得了流量。

2. 浓郁“烟火气”

“烟火气”是一座城市的灵魂，也是一座城市不可或缺的一部分，有烟火气的生活，才是真正诗意的生活。青云菜市、胜利烧烤城以及各大螺蛳粉店，鲜辣酸爽的螺蛳粉、垂涎欲滴的小菜、香气扑鼻的烧烤、外焦里嫩的油堆饼、清甜可口的冷饮……这些市井小吃，吸引了众多游客，也展现了柳州的亲和力。

围绕人流聚集点，以美食为特色，柳州积极推动夜间经济发展。2022年出台的《柳州市贯彻落实国家33项稳住经济政策措施工作方案》要求开放公共资源，活跃夜间经济消费。柳州重点打造了20处夜间经济示范街区，繁荣“夜购”时尚消费、“夜游”主题观光、“夜娱”文体体验和“夜食”特色餐饮等，实现多元消费业态发展。2023年底相关报告显示，柳州四大主城区已形成各具特色的夜市规模：城中区共计4处夜市摊点，风情港便民夜市成为重点打造的柳州市夜间经济示范街区；鱼峰区重点发展华润万象城、窑埠商圈、银泰城“三大商圈”，累计零售额突破90亿元；柳北区发挥餐饮、娱乐、休闲、旅游以及设施服务等业态较为完整的优势，以胜利烧烤城为代表的众多夜市点位初具规模；柳南区初步形成了10个夜市聚集区。

近年来，柳州的夜间经济屡获肯定：2023年10月下旬，在深圳举办的第四届中国夜间经济发展大会上，柳州市获“年度夜间经济榜样力量”称号；窑埠古镇于2022年获“国家级夜间文化和旅游消费集聚区”称号，并成为广西旅游休闲街区；谷埠街国际商城夜经济示范街获评2020年“广西十佳夜游文化街区”。

“店铺的客流量和营业额都超出了我们的预期。”2023年11月5日晚，

▲ 2023 年 5 月 1 日傍晚时分，柳州市窑埠古镇景区里人潮涌动

窑埠古镇一家餐饮店的店长表示，2023 年 10 月初至今，店铺日营业额为 1 万元至 2 万元，10 月营业额约有 40 万元，这给予他们很大的信心。“节假日游客多，平日里也有不少市民前来光顾。”该店长表示，目前店铺客流量平稳，他们已在店铺附近筹备建设标准店，进一步打造自身特色品牌。

（二）深厚的历史文化底蕴赋予了柳州独特的感召力

作为具有 2100 多年建城史的国家历史文化名城，柳州拥有南方古人类生活遗迹白莲洞遗址，有纪念唐代文学家、柳州刺史柳宗元的柳侯祠，有屹立 600 多年的东门城楼，也有反映奇石文化的柳州奇石馆，还有壮歌、瑶舞、苗节、侗楼民族风情“四绝”。在此基础上，柳州市积极开展文化的保护和挖掘工作，建成柳州工业博物馆、白莲洞洞穴科学博物馆，排演《白莲》《八桂大歌》《侗》等精品剧目，以《永州八记》山水游记为范本创作《柳州八记》……厚重的文化底蕴与“网红城市”的烟火气，成就了当下这座古老与现代、历史与未来交织的新柳州。

近年来，柳州的文艺精品创作佳作频出、公共文化服务不断拓展：音乐剧《致青春》获广西“五个一工程”奖、广西文艺创作“铜鼓奖”；广播剧《实业报国》在中央广播电视总台“中国之声”播出；“南宋驾鹤书院——柳州市民阅读空间”于 2023 年升级改造完成；“广西十佳夜读书店”柳州市紫荆花书院持续面向公众开放，全民阅读活动全面开展，“书香龙城”持续建设；柳州图书馆柳东馆正式对外开放，柳州再添文化地标；柳州市新华书店获“首届全民阅读大会·年度最美书店”称号，为广西唯一获此殊荣的书店；建成近 60 家博物馆（纪念馆）等场馆。

这 10 多年来，柳州着力打造了窑埠古镇、文庙、军事博物园等一批文化场所，进一步彰显了柳州的文化底蕴，达到了“引客入柳”的目的。其中，窑埠古镇占地 44.7 万平方米，主街长 1000 米。该项目于 2012 年动工，2021 年完成了全部 3 个片区的建设。2023 年 11 月 1 日，文化和旅游部公示第三批国家级旅游休闲街区名单，素有“柳州城市会客厅”美誉的窑埠古镇街区榜上有名，凸显了文化带来的感召力。

（三）浓郁的“网感”特质提升柳州话题的传播力

“网感”是指对网络内容的敏感度和感知力，能够精准识别、研判什么样的内容会受网络欢迎，快速察觉其中端倪并进行内容的挖掘、创作或整合，并用符合网络空间特点的表达方式传播出去。作为“网红城市”的柳州是一座“宜居宜业”的人民之城，无论是全国第一的地表水水质，还是“人民需要什么，柳州就造什么”的工业情怀，或是景点几乎不用花钱的“穷游胜地”，柳州这座城市始终秉承着来自人民、根植于人民的民生情怀，对网络流行文化具有高度包容性，这就使得柳州在互联网上自带“网感”，成为一座具有讨论度、受人民喜爱的“网红城市”。

例如，小红书平台上众多博主“打卡”柳州，分享旅游攻略和个人体验，抖音平台上许多自媒体人到柳州的“网红景点”直播，沉浸式游柳州，B 站上有博主制作“柳州话教学”的科普视频……这些社交媒体平台上的用户生成内容（UGC），让柳州的城市形象汇集了网友的集体智慧，从而放大了情绪传播，引发更多网友的讨论和共鸣，进一步促进关于柳州城市形象的二次创作，使得柳州的城市形象更有创意、更具趣味、更有可信度。

柳州宣传部门深入挖掘地方特色产业、工业产品、生态、民族文化等方面的资源优势，努力从细微处入手，策划新鲜选题。柳州是我国重要的汽车生产基地，地表水水质稳居全国第一，是拥有30万株洋紫荆的“花园城市”，“网红”柳州螺蛳粉火遍全球。2018年以来，柳州宣传部门提出用好“四个一”（一台车、一江水、一朵花、一碗粉），以“小切口”讲述生动故事，不断制造传播话题，进而推动“爆款”融媒体产品生产，实现城市形象国际传播。同时，借助中央媒体的外宣平台联络境外媒体，并充分发挥“走出去”企业的积极作用，多角度展示中国形象、奏强中国好声音。

通过“四个一”讲好柳州故事，提升了“壮美广西·惊奇柳州”城市形象品牌。当前，“柳州制造”成为“显眼热点”，“柳州惊奇”成为“关键热词”，柳州螺蛳粉成为“高频热搜”，柳州已迎来提高国际影响力的契机。柳州建立了柳州市国际传播中心，并在5个海外社交媒体开通了“Amazing Liuzhou”（惊奇柳州）账号并实现常态化发稿，截至2024年3月10日，粉丝总量已达15万人；柳州螺蛳粉对外宣传获“全国对外传播十大优秀案例”“中华文化国际传播十大案例”；“名企外宣”做法入选中宣部“2023年度全国宣传思想文化工作案例选编”；柳州市融媒体中心打造的3件国际传播作品在第四、第五届“第三只眼看中国”国际短视频大赛上分别获一等奖、二等奖和优秀奖，是这两次大赛广西唯一获奖单位。

（四）厚植民生福祉擦亮幸福底色增强柳州的亲和力

民生福祉形成柳州“长红”情感认同和民意基础。清华大学新闻学院教授沈阳认为，越宜居的城市，越容易激活正面传播城市建设的欲望。居民和游客的自我表达、自我传播、自我再创造是城市成为“网红”的坚实基础，尊重每一位居民和游客，他们也必然将正面情感回馈于城市。10多年来，柳州一直致力于打造生态宜居、生活幸福的城市，激发了市民的获得感、幸福感、自豪感，市民的自我表达和游客的赞许激发了城市的正向传播力。

在教育方面，柳州坚持教育姓“公”，公办、公益、公平。2012年以来，柳州市新建、改（扩）建公办幼儿园项目106个，新增学位约3.33万个；新建、改（扩）建义务教育学校项目415个，新增学位约19.98万个。

在医疗方面，建成柳州市工人医院总院和西院、中医医院东院等公立医院重大建设项目。截至2023年底，柳州市属公立医院博士总人数达230人，位居广西第一。

评论

在教育上舍得下本

据媒体报道，近年来，广西柳州市把老城区所有职业院校全部搬迁到职教园区，而搬出去的12个校区近千亩土地没有用于商业开发，而是全部用作基础教育用地，缓解老城区义务教育学校紧张的问题。在教育上如此舍得下本，难能可贵。

关系孩子成长的事，等不得、拖不起。教育，尤其是基础教育，就应该讲求公办、公益、公平。教育偏离了“公”的方向，只会导致教育畸形发展，不仅滋生攀比之风、加重群众教育支出，还会造成社会不公，让寒门子弟输在起跑线上。百年大计，教育为本。这个“本”，就是要以增进老百姓福祉为“根本”，就是要坚守教育普惠大众的“本质”，就是要舍得用真金白银“下本钱”。

在教育上舍得下本，是一个政绩观的问题。寸土寸金的黄金地段、有限的财政资金，用于造大楼、建“地标”，城市富丽光鲜，政绩立竿见影；而用于建学校、办教育，难以获得现实的财税收入，教育水平提升、市民整体素质和城市文明程度提高的效果也一时难以体现。但作为一个城市的管理者，应当树立正确的政绩观，不能只做吹糠见米、马上见政绩的事，而应多做一些打基础、利长远的事，不求一时“显绩”，多留福荫子孙的“潜绩”。

在教育上舍得下本，也是一个群众观的问题。公共财政取之于民、用之于民。在财力允许的情况下，转变思维、拿出勇气、合理分配财力，在教育上多投入一些，让基础教育体现公平。实际上，这就是让人民群众共享改革发展成果，就是提升人民群众幸福感、获得感，就是“以人民为中心”的具体体现。所谓“舍得”，有“舍”才有“得”，在教育上舍得下本，赢得的是民心、赢得的是拥护、赢得的是赞誉。

在教育上舍得下本，还是一个发展观的问题。投资教育，就是投资未来。孩子们就像早晨八九点钟的太阳，寄托着国家和民族的希望。在孩子们身上的投资，其实也是对整个国家和社会未来的投资，保障的是国家长久的繁荣昌盛。城市的治理者，不能只看眼前不看长远，只顾经济效益不顾社会效益，而应保障在教育上的投入。

（作者李斌，原载于《人民日报》2019 年 3 月 22 日 9 版，有删改）

在文体设施方面，柳州大力推进体育公园建设，主城区“15 分钟健身圈”已经全面覆盖。全市有体育场地 1.42 万个，人均体育场地面积在全广西率先突破 3 平方米，达到 3.16 平方米。让老百姓“多跑运动场，少跑医院”的基础已经构建。

在人居环境方面，柳州在 2020 年至 2023 年连续 4 年在国家地表水考核断面水环境质量状况排名中获得第一名；2023 年，柳州市空气质量优良天数 355 天，空气质量优良率为 97.3%。另外，柳州人均公园绿地面积达 13.39 平方米，每年三四月份市区 30 万株洋紫荆汇成“紫荆花海”……

优质的教育资源、优良的医疗条件、优美的生态环境，带来满满的幸福感与获得感，柳州群众自发传播柳州的美，让游客、网民受到感染，更吸引了不少外地人来柳州就业、投资、定居，为柳州“长红”攒足人气。

·第十章·

传播：打造“四个一”城市符号

复旦大学新闻系教授张志安认为，“网红城市”实现“长红”需要有策划、有营销、有场景，可分享、可传播、可链接。他认为，可以长期持续的“网红城市”是由多种因素构成的：一是发达的产业经济，这样才能吸引更多年轻人到此地就业；二是宜居的生活环境，人们能够拥有良好的消费体验；三是一定的文化积累，城市拥有自己的精神符号和精神特质。“短期的热门城市，并不意味着一定是持续散发魅力的城市，还需要对这个流量进行有效转化，变成城市可持续的发展动力。”①

柳州有着丰富的传播题材，但要将这些题材具象化，才能够让城市形象更加立体、丰满，成为区别于其他城市的典型特征，从而激发媒体的兴趣点、读者的兴奋点。经过长期的实践，柳州决定以“四个一”（一台车、一江水、一朵花、一碗粉）为切入点，做好主题宣传、成就宣传、典型宣传，可以讲好柳州产业故事、发展故事、城市故事，达到媒体广泛关注、受众眼前一亮、故事深入人心的城市形象传播效果。而今，“一车风行、一江旖旎、一花倾城、一粉飘香”已成为柳州四张闪亮的城市名片、鲜明的城市符号。

一、新传播格局让“四个一”应运而生

在新媒体格局传播下，手机阅读加剧了信息的碎片化传播，一般信息难以受到受众关注。在新闻传播“去中心化”趋势下，

① 刘少华，侯婧怡，徐玉洁.你所在的城市，“网红”了吗[N].人民日报(海外版)，2023-05-17(5).

昔日的“头版头条”也往往在信息海洋中激不起半点浪花。“发得出”不一定“传得开”，更不代表会得到“广认可”。在这样的传播格局下，要增强城市正面宣传的传播力、引导力、影响力，需要改变大而全、小而全的报道和叙述方式，以受众为中心讲好小故事，才能有传播力、影响力，才能形成塑造城市形象的正面舆论热点。因此，对于城市形象的塑造和传播，要准确把握城市特点、媒体的兴趣点、受众的兴奋点，“三点”结合才能找准切入点，通过新闻舆论工作将城市的特点和发展亮点推介出去。

柳州发展的突出成就是什么？横向比，柳州在广西经济社会发展中，与兄弟城市有什么与众不同的地方？纵向比，柳州在全国有哪些先进经验和做法？只有清晰认识这些问题，才有可能做好城市形象塑造。

经过认证分析，第一，柳州是一座工业城市，工业总产值长期稳定位居广西第一；第二，柳州是一座宜居城市，江如青罗带、山如碧玉簪，一湾碧水、蓝天白云，地表水水质连续4年保持全国第一，成了绿色发展的标志；第三，柳州是一座幸福之城，柳州着力打造“花园城市”，并在民生方面推出一系列实实在在的惠民举措，让人民群众幸福感满满；第四，柳州注重用工业化的理念发展产业，螺蛳粉已经成为柳州知名度、美誉度最高的城市名片。

从大处着眼，上述这些是柳州的特色和亮点，而要吸引媒体关注、抓住记者眼球，并增强新闻舆论的传播力、影响力，还需要在具体的兴趣点上下功夫。而“一台车、一江水、一朵花、一碗粉”，正是把新闻点、兴趣点、兴奋点进行了有机结合。

在柳州宣传部门实践的基础上，2020年1月召开的中共柳州市委十二届五次会议正式提出:“围绕‘一台车、一江水、一朵花、一碗粉’开展对外宣传，持续打造‘紫荆花城·醉美柳州’品牌。”

“四个一”的总结提炼和孕育而生，正是柳州基于在新媒体传播格局下提高新闻舆论传播力、引导力、影响力的准确把握，对城市宣传工作进行的科学谋划，是推进柳州城市形象传播的方法和路径。

二、“四个一”是柳州明显的城市特征

“一台车、一江水、一朵花、一碗粉”是柳州城市形象特质的具化，是明显的城市特征、具象的城市符号，打开了一个让媒体和受众有兴趣了解柳州的窗口。而在城市形象宣传的实际操作层面，还需要通过深入挖掘“四个一”的内涵和外延，从而让媒体和受众通过“四个一”这个窗口，更加深入地了解柳州的发展成就和亮点。

“一台车”：作为西南工业重镇，柳州工业实力强劲，而最强的是汽车产业。作为城市形象传播切入口的“一台车”，可以是1933年由柳州机械厂试制的“木炭车”，1969年广西生产的第一台现代汽车“柳江牌”汽车，也可以是被称为“秋名山神车”的五菱宏光，俏销海外的霸龙重卡，挂4种车标在全球销售的宝骏530，还可以是曾连续20多个月霸榜中国新能源汽车销量冠军的五菱宏光MINI EV、在印度尼西亚巴厘岛服务G20峰会的五菱Air ev……在这背后，是柳州汽车年产量最高达253万辆、占全国总产量近9%的强大工业基础，这些都是非常亮眼的新闻点。从91年前试制出“木炭车”到65年前造出广西第一台现代汽车，到现在作为我国重要的汽车生产基地，“一车风行”的背后，是柳州以汽车产业发展为代表的工业发展成就。由“一台车”引发的故事，可以系统展示柳州工业发展的历史和成就。

“一江水”：作为工业重镇，柳州曾是一个污染较为严重的城市。环保部门的记录显示，柳州酸雨最严重时，pH值低于4，市民的呼吸道疾病感染率逐年上升，酸雨造成的经济损失一年高达几十亿元。为此，柳州曾被列为我国四大“酸雨之都”。“风吹一地灰，十雨九次酸”曾给柳州人带来噩梦般的记忆，也是难以抹去的城市旧形象。经过持续的治理，从21世纪初开始，柳州恢复了碧水蓝天，在生态环境部公布的全国地表水环境质量检测中，柳州地表水水质从2020年至2023年连续4年在全国地级及以上城市中排名第一。

然而，提及柳州，人们时常想到其污染严重，这座城市长期被误读。如何展现城市独特的魅力重塑世人的认知，一直是困扰柳州塑造城市形象的难题。一个城市发出多少有分量的积极的“声音”，有多少话题被媒体关注、被公众了解，决定城市品牌形象的好坏。[①]柳州认识到，打造好“百里柳江”并通过发展水上体育运动“营销”好柳江，进而提高柳州知名度、美誉度，是把柳州从人们印象中的工业重镇转换为宜居生态魅力城市的快捷方式。因此，从2009年开始，F1摩托艇世锦赛中国大奖赛成了由中美滑水明星对抗赛、水上摩托世界锦标赛、F1摩托艇世界锦标赛3项赛事组成的“世界水上极速运动大赛”项目之一，每年国庆期间在柳州举办。2011年8月的柳州市第十一次党代会报告明确提出：“争取承办具有重大影响的国际性体育赛事，努力打造‘水上运动娱乐之都’。”

自引入国际水上运动赛事之后，难题迎刃而解。摩托艇世锦赛飞艇风驰电掣、内河帆船赛扬帆奋进、龙舟大赛百舸争流、万人横渡蛟龙入水……通过赛事带来的媒体镜头，一湾碧水让人流连忘返，人们再难以想起20多年前柳州曾饱受环境污染的困扰，也会暂时忘却这里是仅汽车年产量就超过250万辆的“中国人均生产汽车最多的城市”，而会记住这是一座山水秀美的生态宜居之城。通过做足“水”文章，得到媒体广泛传播，西南工业重镇、曾被贴上“酸雨之都”标签的柳州正在以“水上运动娱乐之都”的形象，以秀美山水、旖旎风光被外界重新认知并蜚声海内外。

通过发展水上运动，柳州成了中国南方重要的水上运动基地，柳宗元笔下“江流曲似九回肠”的柳江，而今越发绚丽夺目。这一转变的背后，正是柳州坚持绿色发展理念，以壮士断腕的决心推进宜居城市建设的成果。“一江旖旎”的背后，折射的正是柳州始终践行“绿水青山就是金山银山”的绿色发展理念。

① 纪宁．体育赛事与城市品牌营销新时代［J］．体育学刊，2008（1）：22-26.

▲ 柳州市静兰水上运动基地激烈的摩托艇发艇现场

报道

柳州打造“水上运动娱乐之都”成为“体育营销城市”范例

国庆长假期间，由 F1 摩托艇世界锦标赛、水上摩托世界锦标赛、中美滑水明星对抗赛 3 项赛事组成 IAC 世界水上极速运动大赛在柳州圆满完成各项比赛。广西柳州这座西南工业重镇，通过水上运动赛事，让外界领略到它生态宜居的一面。柳州运用“体育营销城市”理念，连续 7 年在国庆长假期间举办水上极速运动赛事，逐渐改变了人们对柳州的固有印象，成为体育发展和城市推介互利共赢的典型样本。

水上体育赛事让柳州蜚声海内外

柳宗元笔下“江流曲似九回肠”的柳江，而今正成为我国南方重要的水上运动基地。西南工业重镇、曾被贴上“酸雨之都”标签的柳州正在以“水上运动娱乐之都”的形象，被越来越多的外地人重新认知并迅速蜚声海外。

今年是自2008年以来柳州连续第8年承办F1摩托艇世锦赛分站赛。从2009年开始，这项赛事成了由中美滑水明星对抗赛、水上摩托世界锦标赛、F1摩托艇世界锦标赛3项赛事组成的世界水上极速运动大赛之一，每年国庆长假期间在柳州举办，至今已圆满完成了7届。

由国际摩托艇联合会创办的F1摩托艇世界锦标赛，与奥运会、世界杯足球赛、F1赛车一道，被公认为具有较大影响力和较高收视率的世界顶级赛事之一。今年的柳州分站赛上，共有10支队伍21名选手参加比赛。一起来到柳州的，还有来自世界各地的超过200名媒体记者。通过卫星直播信号，数亿人观看到在柳江上举办的这一赛事。

“柳州这几年来在体育产业，特别是水上运动体育产业发展上，重点建设了水上运动中心等一批基础设施。”柳州市体育局负责人告诉记者，自柳州举办F1摩托艇世锦赛、水上摩托世锦赛以来，当地水上运动得到快速发展，目前当地已有2个水上运动基地、3家水上摩托俱乐部，有会员300多人、摩托艇200多艘。俱乐部和摩托艇协会还投入摩托艇码头建设，投资总额超过3亿元，水上运动硬件设施不断完善。

摩托艇世锦赛飞艇风驰电掣、帆板邀请赛扬帆奋进、龙舟大赛百舸争流、万人横渡蛟龙入水……柳州以水上运动为载体，通过举办诸多有影响力的国内、国际水上赛事，推动群众体育运动的发展。而今摩托艇、帆船、帆板、龙舟、游泳等体育项目也在柳江上经常开展。同时，除了一年一度的世界水上极速运动大赛，中国摩托艇联赛、亚洲水上摩托世锦赛也通过柳江这片水域发展壮大。

从“水上运动”向“水上娱乐”拓展延伸

在大力发展水上运动的基础上，柳州还利用得天独厚的资源开发了“柳州国际水上狂欢节”这一文化品牌，每年国庆期间举办，目前已连续举办5届。

在意大利亚平宁半岛有一座以水闻名的城市威尼斯，在中国广西也有一座依水而建的城市柳州，两座城市因为共同的“水”文化搭起友谊的桥梁，在2015中国柳州国际水上狂欢节之际，两城开启了狂欢文化双城交流季活动，提升了狂欢节的项目内涵。

狂欢节融入文化、体育、娱乐、美食等元素，寄情于山水之间，寓乐于百姓之中，让各具特色的中外文化交流碰撞，让现代生活与民族风情深度融合，水上狂欢节已成为市民游客休闲娱乐的盛大节日。

2015中国柳州国际水上狂欢节延续欢乐主题，注重体现亲民理念，突出柳州“春花秋水”的“水”主题，活动内容更加丰富，市民体验项目更为精彩，为广大市民、各方游客献上一场精彩的文化盛宴，让游客尽享山水风光，领略柳州风情，使柳州之行成为他们心中难以忘怀的美好记忆。

本届水上狂欢节共细分为21个子项目，包括水上狂欢节灯会、夏威夷艇环江拉力预赛、水上狂欢大巡游、全民狂欢大巡游、狂欢啤酒音乐季、森林音乐节、第四届螺蛳粉美食节等文娱互动活动。

柳州市相关领导表示，今年的水上狂欢节延续欢乐主题，注重体现亲民理念，凸显狂欢节独特的水文化，在落实打造柳州“水上运动娱乐之都”战略基础上，深入打造城市独特的水文化品牌。

让城市从被“误读”到“正名”

作为工业重镇，柳州过去是一个污染较为严重的城市，曾饱受酸雨之苦。经过持续多年治理污染，柳州已恢复了昔日的“碧水蓝天，青山绿地”；通过“生态花园、五彩画廊”工程，柳州一年四季都能欣赏到盛开的鲜花和缤纷的彩叶。

柳州“柳江环境整治项目”被授予“2009年中国人居环境范例奖”，捧回了“国家园林城市”“国家卫生城市”等称号，成了工业城市建设宜居城市的典型范例。然而，一座曾被冠以“酸雨之都”的工业城市，因为污染严重长期被误读，要改变人们这一印象绝非朝夕之功。

自引入国际水上运动赛事之后，柳州正以“水上运动娱乐之都”的崭新名片吸引着人们的目光，城市形象塑造这一难题迎刃而解。

“一座工业城市，却有如此丽质天然、柔情似水的风光。它比我想象的更美！”这是国际摩联副主席拉维尼亚在考察时描绘她对柳州的第一印象。

网上搜索“水上运动娱乐之都”这一关键词，超过1000万条信息指向柳州，柳州也因发展水上运动提高了知名度、美誉度而作为“体育营销城市”成功案例被业界褒扬，被一些城市效仿。

在举办水上体育赛事基础上，柳州还着力打造“百里柳江”景区，通过人工瀑布、人工沙滩、水上舞台等亲水惠民设施和景观的打造，提升了城市形象，推动了旅游业的发展。

“城市形象和影响力是一个城市最重要的无形资产，体育赛事作为一种‘世界语言’，可以全方位、立体化地展示城市的市容市貌与精神状态。”广西科技大学副研究员夏辛萍说，“相对举办大型综合性体育赛事来说，柳州举办的水上运动赛事具有可持续性，也可以更加凸显水环境优美的独特优势，‘性价比’较高。”

（记者李斌、卢美婷、吴小康　新华社通稿2015年10月6日播发，有删改）

“一朵花”：清华大学新闻学院教授沈阳认为，越宜居的城市，越容易激活正面传播城市建设的欲望。居民和游客的自我表达、自我传播、自我再创造是城市成为“网红”的坚实基础，尊重每一位居民和游客，他们也必然将正面情感回馈于城市。①10 多年来，柳州一直致力于打造生态宜居、生活幸福的城市，激发了市民的获得感、幸福感、自豪感，市民的自我表达和游客的赞许激发了城市的正向传播力。2012 年以来，柳州着力打造“花园城市”，按照市民走出家门不超过 500 米就有休闲绿地、街头四季都有不同的鲜花盛开的要求，大幅增加公园、绿地。每年春季，30 万株紫荆花绚烂开放，赢得了“紫荆花城”的美誉。由此延展开来，柳州还通过“医联体”建设，破解基层群众“看病难”问题，将优质医疗资源下沉到县、乡镇医院；新建数十所学校，并通过“集团化办学”，学生能够接受公平和优质的教育，“让每个来柳州的孩子都能接受优质公办教育”，让人民群众共享改革发展成果。“一花倾城”，折射的是“以人民为中心”的发展思想。

“一碗粉”：柳州螺蛳粉原本是名不见经传的地方小吃，然而从 2014 年底至 2023 年的 10 年时间，一跃成为风靡网络的“网红”食品，还批量出口美国等 20 多个国家和地区，带动了农业现代化、脱贫攻坚，是产业融合的典型代表。“一粉飘香”已成为柳州最具知名度的城市名片，也是敢为人先、创新创业的柳州人用工业化思维“无中生有”发展产业的体现。

① 沈阳. 网红城市如何一直红下去［J］. 人民论坛，2019（30）：130-131.

三、把“四个一”打造成柳州城市符号

围绕“一台车、一江水、一朵花、一碗粉”，柳州持续推动城市形象宣传，讲好“柳州故事”，努力把“四个一”打造成柳州的城市符号。而今，“一车风行、一江旖旎、一花倾城、一粉飘香”已经成为柳州 4 张闪亮的城市名片。

（一）通过“一台车”展示柳州工业发展成就

在推进城市形象传播的过程中，柳州宣传部门持续深挖“一台车”背后的柳州工业故事。例如，柳州生产的汽车到 2022 年底已超过 3000 万辆，那么 3000 万辆车有多少呢？以每辆车 4.5 米计算，3000 万辆车首尾相接接近 13.5 万公里，而地球赤道一周是 4 万公里，于是柳州向媒体介绍：“上汽通用五菱生产的汽车首尾相接可绕地球赤道 3 圈多。”这样的换算，引起了媒体的兴趣，包括《人民日报》在内的多家媒体采用这一表述。再例如，上汽通用五菱在技术输出印度、埃及“借船出海”的基础上，还在印度尼西亚建立了制造基地，“造船出海”参与“一带一路”建设，高度契合国家战略，是符合媒体需要的好案例。从走出国门参与“一带一路”建设的“一台车”说起，柳工在柳工海外业务贡献率已跃升到 35%、业务涉足的国家与“一带一路”共建国家高度契合，柳州欧维姆机械股份有限公司参与建设土耳其博斯普鲁斯海峡三桥等一系列的世界级工程、国际营销网络覆盖 50 多个国家和地区，两面针集团的产品已打入新加坡、马来西亚市场……串起了柳州工业“走出去”的故事，《经济日报》等媒体对此进行了报道。2020 年新冠疫情暴发期间，柳州车企表现抢眼，3 天实现口罩下线、76 小时自主研发生产出全自动“口罩机”、快速打造出负压救护车和智能移动测温车……进一步丰富了“一台车”的内涵。新华社向海外播发的《一家车企的“硬核”抗疫记》《展示速度智慧与担当中国制造抗疫显神威》《中国企业加速转产防疫物资支援一线抗“疫”》等报道，以及《人民日报》、央视在刊发相关报道时，均采用了柳州车企快速组织生产防疫物资的典型案例。

▲ 在广西柳工机械股份有限公司，
工人在存车场检查即将外销的挖掘机

（二）通过“一江水”反映柳州坚持绿色发展

一江碧水，让柳州人引以为荣，“春花秋水”的景观是柳州亮丽的城市名片。通过长期举办 F1 摩托艇世锦赛中国大奖赛、水上摩托世界锦标赛、中国摩托艇联赛等赛事，以及发展帆船、帆板、龙舟、游泳等体育项目，以水为媒，激发江的活力、做足水的文章，让柳州形成了独特的城市名片。各大媒体给予了柳州“一江水”极大的关注。

2021 年 4 月 19 日，《经济日报》头版头条刊发万字长篇重磅报道《柳州惊奇——践行习近平新时代中国特色社会主义经济思想调研记》，而后几天时间里，《经济日报》先后在一版刊发评论员文章《惊奇，源于同频共振的战略定力》、反响报道《把广西生态优势保持好发挥好》、对自治区党委书记的专访《进一步擦亮广西“山清水秀生态美”的金字招牌》、柳州市委和市政府来函《建设人与自然和谐共生的现代化》以及专家点评《“两山论”强大引领力的生动展现》。这6篇报道层层递进，全面阐述了习近平新时代中国特色社会主义经济思想和习近平生态文明思想在柳州的生动实践，其规格之高、篇幅之大、分量之重，在中央媒体对广西的报道中非常罕见，可谓近年来新闻界报道柳州的巅峰之作。此后，“柳州惊奇”成了一个热词。

▲ 清澈的柳江宛如画卷，美不胜收

从2019年起，生态环境部公开发布地表水水质数据，柳州在全国300多个城市中一直稳居全国前列，2020年、2021年、2022年、2023年连续4年位居全国第一，柳州良好的生态环境有了权威认证，受到媒体广泛关注，彰显了柳州坚持绿色发展理念的成效。

《经济日报》2021年4月22日头版刊发评论员文章《惊奇，源于同频共振的战略定力》赞叹道：

问渠哪得清如许？诗人的自答是：为有源头活水来。如何让绿水青山就是金山银山？柳州的作答是：工业高质量发展与生态文明建设同频共振。在践行习近平新时代中国特色社会主义经济思想的过程中，柳州坚持以新发展理念为引领，坚定不移走生态优先、绿色发展之路，持续葆有战略定力，不断刷新着人们对这座城市的认知，不断创造着属于这座城市的惊奇。

（三）通过“一朵花”折射柳州人民的幸福感

被誉为“紫荆花城”的柳州，每年三四月份，市区30万株洋紫荆盛开，将城市装扮成粉红的花海，借此讲述工业城市如何变成“花园城市”的故事。通过“一朵花”切入，串起“集团化办学”“医联体建设”“环江滨水自行车道”等柳州人引以为豪的“幸福礼包”，向世界展示了柳州人民的幸福感、获得感。例如2020年紫荆花开时正值新冠疫情期间，而宣传部门仍努力抓住时机，借助紫荆花开做好城市形象推介，从而传递“花开疫散”的寓意，为舆论场注入“暖色调”。《人民日报》、新华社、中央电视台、中新社、《广西日报》、广西广播电视台等多家中央、自治区重点媒体展开密集报道，讲述柳州从“酸雨之都”到“紫荆花城”的故事，并讲述了“花开疫散”的寓意。

▲ 柳州市东晋大道上的洋紫荆盛开，粉色的花海与公路相互映衬，构成一幅美丽的春日画卷

（四）通过“一碗粉”柳州的声音传得更远

柳州螺蛳粉，是柳州“可食用的城市名片”，也是中央、自治区主流媒体持续关注的话题。通过柳州螺蛳粉，柳州的城市形象得到了广泛而深远的传播。而今的柳州螺蛳粉，俏销全球、香飘海外，在海内外拥有大量粉丝，不仅是柳州的城市名片、广西的美食文化符号，还是“可食用的中国名片”，向世界讲述着“有味道的”中国故事。

▲ 游客参观鱼峰区柳州螺蛳粉产业园

四、市民的“小确幸”是建构和传播城市形象的基础

一座城市要成为“网红”，首先要得到市民的认可。温暖市民、幸福市民的“红”，才能扎根城市，生发出强大的感召力。一座让市民爱上的城市，同样也会让游客爱上。城市要“长红”，就要不断增进人民群众的幸福感、获得感。

坚守长期主义，持之以恒惠民利民，增添了市民夸赞本地的理由，这种来自市民的“小确幸”发散开来，自然而然城市就会成为“网红”。

从传播角度来说，“温情小故事”最能打动人，也最能产生共鸣，引发广泛传播。

（一）讲好小故事是适应传播趋势的需要

对于市民的获得感，媒体长期关注，做了大量的报道，但往往把思维局限在办事更便捷、就医更便利、社会有保障等综述性的报道上，新闻价值被掩藏在长篇大论之中，难以吸引受众眼球，缺乏关注度、传播力。而用小切口讲述直抵人心的小故事，往往能实现传者与受者之间的信息分享效果，达到更好的传播效应。

随着新媒体的发展，新闻传播呈现“去中心化”的趋势。在新媒体舆论格局中，信息产品极其丰富，受众不再局限于通过某张报纸、某个电视频道获取信息，而更多的是去追踪某个感兴趣的话题，并在网络这个“信息超市”去自选搜寻与此话题有关的信息。在“去中心化”的传播趋势下，昔日的“头版头条”往往在信息海洋中激不起半点浪花，塑造城市形象的“正面报道”更难以得到受众的关注和接受，因此需要加强提炼、营造话题、借助载体，才能形成塑造城市形象的正面舆论热点。

同时，在新媒体格局传播下，手机阅读加剧了信息的碎片化传播，一般信息难以受到大众关注。要增强一个城市正面宣传的传播力、引导力、影响力，需要改变大而全、小而全的报道和叙述方式，以受众为中心讲述温情小故事，以小切口折射城市发展理念。

通过做好新闻舆论工作，讲好温情的“柳州故事”，实现主流媒体对柳州报道常态化，同时引导社会媒体和自媒体的舆论走向，使柳州的城市形象得到广泛传播，城市吸引力得到明显提高，市民的幸福感得到强化。

（二）要接好“天线”选取和挖掘小故事

一篇好的新闻报道，必须上接“天线”、下接“地气”，发现常人所未见的细节，挖掘背后的深刻意义，讲好引人入胜的故事。什么样的小故事可以塑造城市的正面形象？需要将老百姓的切身感受和政策热点结合起来。例如可以从党中央精神中找热点，如“使人民获得感、幸福感、安全感更加充实、更有保障、更可持续”“坚持以人民为中心”“绿水青山也是金山银山”“供给侧结构性改革”等，城市形象宣传可以紧紧围绕这些政策热点，不断挖掘小故事。

例如柳州袋装螺蛳粉从2014年底开始出现，从无到有，到网上日销量突破100万包，正是供给侧改革推动经济发展的典型样本。笔者采写的《从“路边摊”走进“工业园”——供给侧改革让广西名小吃“柳州螺蛳粉”俏销全球》，剖析柳州螺蛳粉通过“现煮堂食”到“袋装速食”实现工业化生产的供给侧改革，加上“互联网+”的推动，成为俏销全球的“网红”食品。《新华每日电讯》《中国改革报》《中华工商时报》等数十家纸媒和近百家网络媒体采用这一报道。袋装螺蛳粉成为供给侧改革的典型故事，正是对接好中央新政策、深入挖掘本地故事，巧妙“蹭”中央政策热点并通过主流媒体报道形成的。

（三）综合运用多种传播渠道推介小故事

在新媒体传播格局下，依然要抓住主流媒体这个“牛鼻子”。主流媒体具有主流、权威的优势，作为新闻产品生产的主阵地，大多拥有多种传播渠道。以新华社为例，播发一篇通稿，不仅可以在传统媒体的稿库中供媒体选用，新华网、新华社客户端也会使用，一些好的新闻报道还会在拥有千万级“粉丝”的新华社微信公众号和微博使用，有的还会编发外文播发、制作微视频等。如《新华每日电讯》刊发的评论文章《收费有所“舍”，民心有所“得”》，获得了大量媒体转载，东方卫视、河北卫视等一些电视台还通过读报节目进行再次传播，一篇报道产生了“乘数效应”的影响力。

当前，传播方式日新月异，在紧紧抓住主流媒体的同时，还要运用新媒体灵活多样的传播渠道，进一步扩大影响力；要综合利用消息、通讯、评论、微视频等多种呈现形式，提供给受众更丰富的信息体验，抓住受众眼球；要通过传播理念、内容、体裁、形式、方法、手段等方面创新，全方位推介城市故事，达到深入人心的效果。

（四）讲好城市故事要深入挖掘常讲常新

人们对一个地方、一座城市往往存在刻板印象，如在很多人的固有观念中，常常认为工业基础雄厚的城市生态环境就不好。改变“成见”，必须讲好城市故事，经常讲、常讲常新。作为中国五大汽车生产城市之一，长期以来柳州留给人们的印象是传统工业城市，甚至是20世纪八九十年代“酸雨之都”的不良形象。其“一水抱城流”的独特城市景观、“百里柳江，百里画廊”的秀美景色，长期以来不为外界所知。这样一座地处西部欠发达地区的内陆传统工业城市，如何找准突破口，展示宜居城市形象，以吸引游客、吸引投资、吸引人才，是长期困扰当地城市形象塑造的核心难点。

通过讲述紫荆花城的“花海”故事、一块绿地的“留绿”故事、一条环江滨水自行车道的运动故事、工业园区里“鸟儿天堂”的宜居故事，受众逐渐忘却了旧印象，形成了新印象。这些年来，柳州的生态故事，从简单的环境保护成绩，讲到建设“生态宜居城市”，进而讲到贯彻绿色发展理念建设“宜居花城”，层层递进，使得柳州绿色发展的成果深入人心。生态报道的故事化表达，使生态文明建设为大众所认知、认可，使“绿水青山就是金山银山”的发展观家喻户晓，使“尊重自然、顺应自然、保护自然”的理念深入人心，有利于促进人与自然的和谐相处。

·第十一章·

赓续：柳州的“长红”路径

“大‘网红’三年过气，小‘网红’三个月就过气”是绝大多数“网红”的宿命。盘点近年走红的中小城市，不难发现一个规律，那就是一时走红带来短期客流量激增之后，很快就归于平静，即便2023年初最火的淄博似乎也没能摆脱这一“魔咒”。真正能将“网红”热度转变为长久发展动能，推动人才集聚、人流汇集和产业壮大的城市少之又少。因此，“网红城市”在迈向“长红”的道路上，必须采取有效措施推动“网红”资源高效使用、长期生效。

柳州“红”，行稳方能致远。柳州从2014年底袋装柳州螺蛳粉诞生开始逐步走红，并持续“长红”。与其说柳州是一座“网红城市”，不如说柳州是一座“当红城市”，从某种程度上来说已是一座“长红城市”。当前，柳州正一张蓝图绘到底，不断书写“柳州惊奇”，提出以现象级爆款推动柳州成为全国媒体高频聚焦地、正能量温暖新闻策源地、正向“网红”话题集散地、公众口碑推广示范地和国际传播新兴地。柳州要持续“长红”，需要持之以恒、久久为功，持续提高城市经济硬实力、持续增强城市文化感召力、提升柳州话题的传播力、增强城市环境的亲和力，要从“当红”的“网红”变“长红”，须以特色产业托起“融合+”模式，以业态融合培育“惊奇+”品牌，以厚植底蕴赋能“文旅+”项目，优化环境催生“长红+”效应。

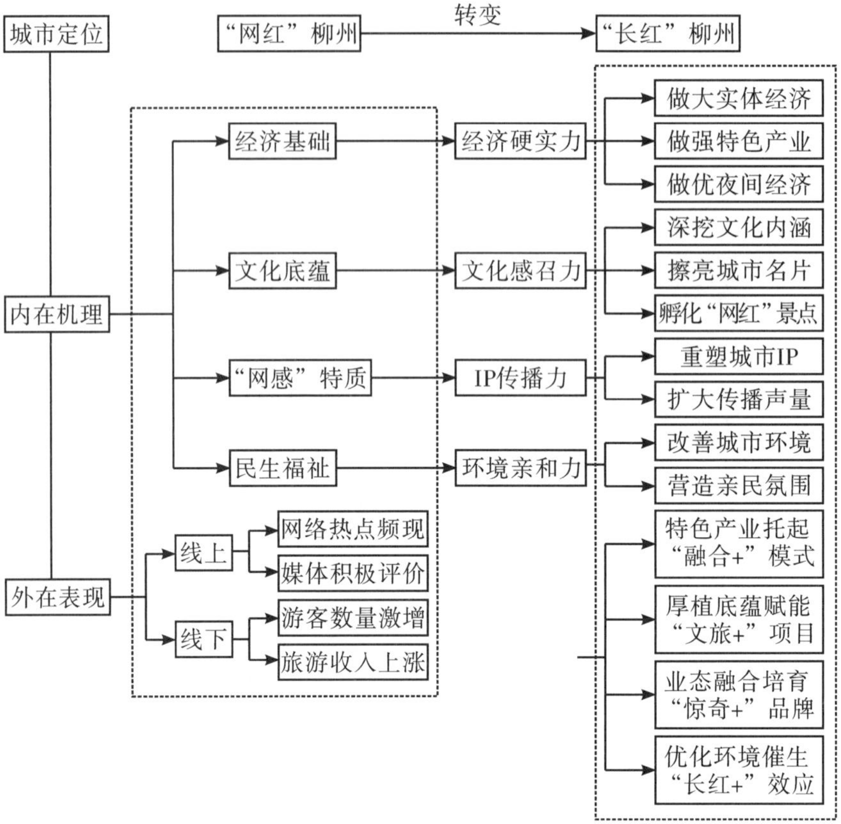

图 11-1 柳州推动"网红城市"向"长红城市"转变路径图

（一）打造特色鲜明产业体系，持续提升城市经济硬实力

"网红"带来的流量是锦上添花，城市要实现从"网红"向"长红"转变，还需修炼自身的"内功"，提高经济硬实力。若城市仅有一个"网红景点"、"网红美食"或网络营销的噱头，没有强大的经济硬实力作为发展支撑，这样的"红"难以为继，很可能昙花一现。城市要实现"长红"，就要持续做大实体经济，做强特色产业，做优夜间经济，以经济发展的内生动力托起文化和旅游"融合 +"模式。

1. 持续做大实体经济

“网红城市”的形成离不开城市文化底蕴、经济实力、人口规模乃至科技进步等一系列因素的综合作用，能级越高的城市越容易在网络上走红。例如，一曲《成都》唱遍大江南北，唱红了成都、带火了成都小酒馆，让成都的“小资”情调火爆“出圈”。究其原因，除歌曲本身的旋律以外，与成都本身拥有超过 2000 万人的超大体量密切相关，还有很多人与成都有着自己的故事，一首流行歌曲激发了人们的情感共鸣。

从某种层面来说，城市底蕴越深厚、经济实力越强、人口规模越大，诞生“网红”的概率就越高，影响力也越大。因此，柳州要进一步打造“长红城市”，就要千方百计奋力提升城市“硬实力”。

当前，柳州“硬实力”的提升，面临着经济稳增长压力较大、传统产业转型升级任重道远、新兴产业亟待发展壮大、科技创新能力还不强、新旧动能接续转换不畅等诸多困难和挑战。为此，柳州要锚定“推进新型工业化、建设现代制造城”这个战略首选方向，积极谋划重大项目，提升投资效益，促进民营经济发展，做大做强“老三样”，力争率先破局柳州第四大支柱产业，逐步培育形成柳州工业的“新三样”，推动产业转型升级，发展新质生产力，不断推动柳州高质量发展取得新的更大成效，让城市实力“硬起来”。同时，要注重发挥民营经济的重要作用，不断优化民营经济发展环境，最大限度地激发民营经济发展活力、潜力。要通过“软硬兼施”的联动发展，与社会凝聚力、文化感召力等其他力量串联一体汇成“发展洪流”，不断提升城市的综合实力，提高城市的影响力和竞争力。

2. 持续做强特色产业

因美食而“红”的柳州，正不断升级发展柳州螺蛳粉产业，巩固壮大柳州“长红”的基础。2023 年柳州市螺蛳粉全产业链销售收入为 669.9 亿元，同比增长 11.5%，其中出口货值达 1.01 亿元，同比增长 38.2%，远销全球 20

多个国家和地区。这些“可食用的城市名片”销往世界各地，每包都带着“柳州”字样，这是宝贵的宣传载体，是“一步到胃”的城市营销，持续扩大着柳州的国际知名度。

从调研情况来看，受疫情之后螺蛳粉实体店火爆等多重因素影响，2023 年以来袋装柳州螺蛳粉企业承压前行，并在当年首次出现销售收入下降的情况。柳州市商务局提供的数据显示，2023 年袋装螺蛳粉销售收入 174.3 亿元，比 2022 年 182 亿元的销售收入下降。多家头部柳州螺蛳粉企业增长都较为缓慢，一些螺蛳粉企业出现经营困难。某知名螺蛳粉企业负责人表示，2023 年全年销售量下降三成，以 3—7 月降幅尤其大。虽然袋装柳州螺蛳粉增速放缓一部分原因是螺蛳粉实体店增长、食客来柳州旅游后打包带粉、实体店通过冷链外销真空包装螺蛳粉等，但这一现象还是应当引起重视。

柳州螺蛳粉对于柳州城市形象的传播有着重要作用，大力实施促进柳州螺蛳粉品牌形象提升、促进柳州螺蛳粉销售的举措，才能使柳州螺蛳粉持续提高销量。2022 年初广西壮族自治区人民政府办公厅出台的《扩大柳州螺蛳粉出口工作方案》，积极对接上级政策支持，推动柳州螺蛳粉扩大出口，保障“2025 年力争柳州螺蛳粉出口总额达到 1 亿元人民币以上”的目标实现。这一出口目标虽然在 2023 年已实现，但仍应用好这一政策，持续扩大螺蛳粉出口。

还需要注意的是，地方特色产业特别是食品产业，往往比较脆弱，如若做不到规范化发展，从“红”到“黑”、从爆红到覆灭，往往就在旦夕之间。因此，必须下大力气进行行业规范管理，防范因食品安全问题引发重大负面舆情。要在做强螺蛳粉美食的同时，推动螺蛳粉相关文化产业的同步发展，激发产业创新力和生命活力，久久为功。

3. 持续做优“夜间经济”

“夜间经济”已成为城市商业的重要组成部分，是彰显城市特色与活力的有效载体，体现了城市的“烟火气”。中国“夜间经济”发展报告显示，2020年中国“夜间经济”发展规模超30万亿元，至2021年增至36万亿元，至2022年已突破42万亿元。天眼查数据显示，截至2023年我国“夜间经济”现存相关企业158.8万余家，其中2023年前5个月新增注册企业5.6万余家。

柳州凭借“车、水、花、粉”这“四个一”成功“出圈”，更有满城人间烟火气吸引来自五湖四海的宾朋，“夜间经济”发展已有良好的基础。在此基础上，要持续挖掘“夜间经济”潜力，以沉浸式人文体验贯穿城市夜韵，以一流的营商环境为“夜间经济”的发展保驾护航，做优夜味、夜玩、夜赏、夜购、夜养“五夜”消费。

要从“小而美”的视角深挖柳州“夜间经济”潜力，以夜市丰富的美食和娱乐方式吸引游客，推动“头回客”变为“回头客”形成常态。

要从“特而优”的视角深挖柳州“夜间经济”潜力，增加特色美食的供给，提升特色环境的服务，让“头回客”变成“回头客”，让游客来了就不想走、走了又想来，真正留下来。

要从“静与动”的视角深挖柳州“夜间经济”潜力，增加一些柳州特色文化的“静元素”，让游客感受这座城市的宁静。同时也要结合文化特色，多增加一些类似“夜购”时尚消费、“夜游”主题观光、“夜娱”文体体验和“夜食”特色餐饮的“动元素”。

要从“新与兴”的视角深挖柳州“夜经济”潜力，要丰富“夜间经济”的新业态，打造服务的新环境，制定推动“夜间经济”发展的新政策，进一步开创“空间集聚、人流集中、品牌知名”的发展新格局，着力打造一批“标杆夜市”和“品牌夜市”，通过“专精特新”（专业化 + 精细化 + 特色化 + 新业态化），真正让“夜间经济”长久兴起来，永远立起来。

▲ 夜幕下，游客身穿民族服饰在窑埠古镇龙城阁前拍摄旅拍照

（二）涵养文脉厚植文化底蕴，持续增强城市文化感召力

“网红城市”要向“长红城市”转变，须得让“流量”成为“留量”，让八方宾客在此流连忘返。这就需要通过增强城市软实力来带动吸引力，通过涵养文脉厚植文化底蕴，进一步赋能“文旅 +”项目，增强城市文化感召力。

1. 持续深挖文化内涵

深厚的文化底蕴和多彩的人文气息是重要的旅游资源，国内不少城市如西安、成都均是依托深厚的文化底蕴支撑“网红”流量，吸引了众多游客。以西安为例，近年来西安依托盛唐文化背景，打造了由大雁塔北广场、大唐芙蓉园、曲江池遗址公园、曲江艺术中心等组成以大唐文化为主题的街区“大唐不夜城”，成为西安最具人气的旅游景点之一。2023 年，该景区推出的演出节目《盛唐密盒》更是火出了圈。两位身穿唐装的工作人员扮演“房玄龄”和“杜如晦”穿越来到现代，在与观众打趣逗乐和欢声笑语中将中华传统文化带给观众，吸引了一大波游客。

作为国家历史文化名城，柳州在从“网红”向“长红”跨越的过程中，也应进一步挖掘历史文化内涵，推出具有互动性、娱乐性的文化节目。例如，当前窑埠古镇已经具备比较高的人气，身着民族服装打卡拍照已成窑埠古镇一景。另外，古镇的龙城阁从2023年9月29日起对外开放，随即成为热门“打卡”地，中秋、国庆假日期间共吸引4.6万多名游客登楼观景。

鉴于窑埠古镇的人气，可以进一步挖掘和利用窑埠古镇的文化价值。例如利用龙城阁现在空置的情况，举办富有柳州人文气息的展览、展出，使之成为展示、推介柳州城市风物的窗口；可以考虑用好柳宗元、刘三姐等文化符号，打造类似西安大唐不夜城的《盛唐密盒》互动活动，给游客更多的参与感；可以考虑将之前柳州市艺术剧院打造的“地方戏曲周周演”“周末邀您看大戏”品牌，在窑埠古镇举办活动，展示和宣传柳州地方戏曲文化。

2. 持续擦亮城市名片

要做优城市形象，打造和壮大城市品牌至关重要，必须要挖掘、梳理、利用好城市的品牌资源。清华大学新闻与传播学院教授、清华大学城市品牌研究室主任范红认为，城市具有对外吸引力的，当地老百姓引以为傲的人、事、物和景，要去梳理清楚，然后打造、提炼和推广。

近年来，从挖掘历史故事到打造旅游环境，从城市人文景观建设到打造“一车风行、一江旖旎、一花倾城、一粉飘香”四张闪亮的城市名片，柳州的城市形象得以不断迈向“长红”。在此基础上，柳州还应在产业发展、生态保护、改善民生方面持续发力，进一步擦亮“四个一”城市名片。与此同时，还应主动作为、积极纳新，延展好自身优势，聚力总结成功的传播实践案例，不断挖掘和打造独具特色和具有传播力、影响力的城市新名片。如，可进一步挖掘柳宗元与柳州的故事，推动“歌仙刘三姐”文化旅游，丰富完善成为“六个一”城市名片。

一部影视剧带火一座城，如今已成一种现象。擦亮城市名片，利用影视作品是一个捷径。近年来，从现象级热播剧《花千骨》带火广西崇左市大新县明仕田园，到《你好，李焕英》让湖北襄阳成为“网红城市”，再到《狂飙》吸引众多游客前去取景地广东江门市打卡，《去有风的地方》更是带动云南旅游市场一路“狂飙”，热播影视剧带火旅游目的地的案例不时出现。有研究显示，流行影视可以给取景地增加25%至300%的游客数量，平均可以达到31%。根据中国旅游研究院数据，24.5%的游客表示，会在观看某部影视综艺后对一个从未关注过的目的地动心。

作为“网红城市”，柳州本就是流量题材。2023年8月，院线电影《大红包2：龙凤呈祥》在东方梦工场—柳空文创园开机，作为2021年票房成绩亮眼的爱情喜剧电影《大红包》的续作，影片全程全域在柳州取景拍摄，助推柳州文旅产业发展，扩大城市知名度和影响力。

下一步，可以从引入摄制团队策划网剧入手，支持小成本制作主要面向年轻人群体的网剧，将网剧内容与柳州特色文化和名片有机融合，制作出大众喜闻乐见的产品，通过网剧的制作和播出进一步擦亮“四个一”城市名片，让柳州的城市形象得到更广泛的传播，让网民“种草”柳州。

加强顶层设计，借助影视IP赋能文旅融合发展，大力发展“影视＋文旅”，激发柳州文旅产业新动能。可成立市级影视拍摄协调小组，充分发挥各职能部门作用，依法依规为来柳拍摄的剧组提供便利和服务保障，吸引更多影视机构和项目落地柳州。构建“政府主导、部门联动、社会参与”的“一站式”影视拍摄服务体系，发展集拍摄服务、合作交流、政策服务、宣传服务、人才培养于一体的产业服务平台，助推柳州率先在西南片区打响影视服务品牌。

3. 持续孵化“网红景点”

“网红景点”是一个城市的符号，是吸引游客的重要传播点。要保持“网红”城市旺盛的生命力，关键是要找到城市里具有独特性、稀缺性的文化符号，通过挖掘、整理、提炼、塑造从而提升城市“能见度”。以成都为例，成都打造了春熙路、太古里、宽窄巷子等地标符号，成了游人必去的打卡点。

就目前柳州来说，游客来柳主要的活动范围较窄，除了吃螺蛳粉，主要集中在爬马鞍山、游览柳江、看水上喷泉以及逛窑埠古镇、青云菜市、五星步行街等，导致部分景点人员集中而其他地方游客较少。2023 年“十一”假期期间，高德地图发布的全国主要景区实时拥堵榜显示，柳州文庙周边交通拥堵情况排进了全国前十，而在全国前二十榜单里，柳州还有柳州博物馆、柳侯公园、柳州工业博物馆、窑埠古镇等上榜，前二十榜单中柳州占五席。这从交通状况角度证明了柳州旅游火爆的现状，也从一个侧面说明了柳州“网红

▲ 2023 年 5 月 2 日晚，大批游客在柳州市柳江河畔观看水上音乐喷泉

▲ 游泳爱好者举着龙的造型畅游柳江

景点”过于集中的现状。

在打造“长红城市”的过程中，柳州还需要有意识地加大对“网红景点”的打造力度，拓宽游客活动的空间，让怀旧的人有怀旧的去处、喜欢玩游戏的人有玩游戏的去处、喜欢美食的人有吃美食的去处，增强柳州旅游市场的承载力。

打造“网红景点”，柳州可以从以下方面发力：第一，柳东新区的旅游设施已较为完备但人气还不旺，可以进一步加大对克里湾欢乐世界的打造力度，利用柳州的“网红”流量，吸引更多游客到柳东旅游，将游客引向柳东；第二，可以利用水质全国第一的名气和水上运动的良好基础，将水上运动娱乐项目常态化，划定区域开展水上摩托、帆板、尾波冲浪等运动，吸引游客参与，打造不落幕的“水上狂欢节”；第三，柳州“山、水、城”结合的城市夜景受到广泛赞誉，是柳州独具特色的城市景观，但观赏方式较为单一，仅有乘坐游船观景和爬马鞍山观景等有限的几种方式，也导致马鞍山山顶接待压力持续增大，可以借鉴天津、南昌、长沙等地的经验，在市区靠江处择一处地点进行规划，引资建设大型摩天轮，打造“城市之眼”，进一步丰富观景体验，如果可以实施有望打造成为柳州又一“网红景点”；第四，在实施城市更新项目的同时，可以结合如骑楼街一类的老建筑集中的街巷进行重点打造，打造具有历史积淀、文艺气息、文化氛围的“网红小巷”。

（三）建构全媒体传播新生态，持续增强城市 IP 传播力

“酒香也怕巷子深”，构建城市形象，必须以大众传播、人际传播为主要抓手，通过媒体融合建构全媒体传播新生态，把“壮美广西·柳州惊奇”持续打造为柳州的独特品牌，增强“惊奇 +”IP 传播力。

1. 持续提升传播能力

打造“网红城市”的起点，从用好“网红”资源开始。而“网红城市”的远景实现，离不开优质内容持续输出。打造“长红城市”，需要强大的正面信息供给能力作为支撑，以持续不断向舆论场供给具有较强传播力的正面信息，以维持城市在舆论场的曝光度。这就要求大力支持自身的新闻媒体建立以内容建设为根本、先进技术为支撑、创新管理为保障的全媒体传播体系，提升自有新闻媒体在舆论场上正面信息的供给能力。

当前，柳州市融媒体中心正在建设中，这是柳州新闻舆论主阵地。而在经济承压前行、财政支出收缩的当前，媒体面临营收下降、应收账款增多等诸多问题，给建设新型主流媒体带来较大压力。柳州在打造“长红”城市的过程中，应当给予融媒体中心更多的政策扶持、资金支持，以破解当前媒体遇到的诸多发展难题，引导媒体引才、留才、用才，加大力度支持建设“移动优先”的传播平台，提高新闻舆论传播力、引导力、影响力、公信力，提升自身媒体在舆论场的“声量”，巩固和增强柳州在舆论场的正面形象。

党的二十大报告提出，加快构建中国话语和中国叙事体系，讲好中国故事、传播好中国声音，展现可信、可爱、可敬的中国形象。中央要求“各地

区各部门要发挥各自特色和优势开展工作，展示丰富多彩、生动立体的中国形象”。柳州以推进“名企外宣”为抓手在国际传播方面已有良好的基础，在打造“长红城市”的过程中，应大力支持和鼓励市属新闻媒体开展国际传播，用好“党政媒企校”的联席联动机制，借助柳州的知名企业、知名产品，放大“名企外宣”效应，扩大“制造”国际朋友圈，在国际舆论场上奏强中国之音、柳州之音。

在新媒体平台上，用户比传统媒体时代更愿意自发参与创作，分享意愿很强烈。城市宣传部门要主动拥抱新媒体，找准适合新媒体平台（社交媒体、短视频、Vlog 等）传播的城市特质、元素、片段、素材等，比如美景、美食、美人、名人和酷炫元素都可能点亮“爆点”，使城市快速成为“网红”。2023年 10 月 10 日，青岛出台《青岛市促进文旅深度融合推动旅游业高质量发展的若干措施》，明确支持在主流新媒体社交平台发布宣传推介青岛文化旅游的原创作品，对点赞数超过 1 万次的，最高给予作者 1.5 万元奖励。这一做法值得柳州借鉴，以鼓励各类媒体进行宣传城市的正能量创作。

2. 持续打造城市 IP

网络热点转换很快，借助网络走红的城市，往往红得快也冷得快，因此，标签的树立和传播至关重要。柳州螺蛳粉是经久不衰的柳州城市 IP，是柳州“长红”的基础，因此应不断深化这一 IP。

为实现从“网红”到“长红”的跨越，城市应充分挖掘自身特点，打造独一无二的“人设”。例如，柳州螺蛳粉形象还缺少自身标识，也没有被广泛认可的卡通形象。此外，柳州也缺少自身的城市形象标识（城市 LOGO），甚至缺少统一的城市宣传口号。城市 LOGO 是一座城市象征性的视觉符号，正成为城市用视觉语言自我表达的“眼睛”——一览城市人文、历史、旅游等。上海、广州、西安、沈阳、成都、杭州、郑州、南昌等地均推出了自己的城市 LOGO，对于城市形象的推广与传播起到了重要作用。推出柳州城市LOGO、柳州螺蛳粉标识，是在打造“长红城市”过程中亟待补齐的短板。

要让城市的“人设”更受欢迎、更具有可信度，就需要根据城市特点量身定制“人设”，并根据城市能级和资源策划相应的事件营销。不少城市通过举办体育赛事，迅速实现城市 IP 的大众化传播。例如在 2023 年 10 月 29 日同一天，全国就有北京、成都、西安等地超过 20 场马拉松赛事同时举行，以此达到带动当地消费、提升城市形象的目的。柳州曾着力打造“水上娱乐运动之都”品牌，在柳州地表水水质全国第一的背景下，可以进一步深化拓展。

要加强创新思维，不断推陈出新，持续打造城市 IP。同时还要深入挖掘现有城市 IP 的历史文化内涵和现实意义，讲好城市 IP 的新故事。此外，还要强化串联思维，内外联动让城市 IP 更响亮，在内打造和形成城市 IP 矩阵，形成聚合力；在外与国内其他城市 IP 串联一线，形成“一片红”，借势推动柳州“长红”。

（四）提升城市宜居宜游品质，让城市环境更富有亲和力

一座城市的品牌塑造，实质上是要提高城市的人文服务水平，这也是城市软实力的体现。“人民城市人民建，人民城市为人民”，从为人民服务的角度出发，应提高城市宜居宜游品质，不断优化营商环境，不断提升城市对吸纳外来人才的友好度，优化环境催生“长红 +”效应，进一步打造一座更富有亲和力的“人民之城”。

1. 持续改善城市环境

良好的生态环境既是最公平的公共产品，也是最普惠的民生福祉。柳州践行“绿水青山就是金山银山”的发展理念，着力建设美丽柳州，像保护眼睛一样保护生态环境，像对待生命一样对待生态环境，把“绿水青山”自然环境转化为“金山银山”的发展环境。如今，柳州已然成为美丽中国建设的一个生动缩影，成为贯彻新发展理念的一个鲜活样本。

要不断推动生态环境持续向好，让人民群众在绿水青山中共享自然之美、生命之美、生活之美。特别是要努力通过水资源保护，努力保护好“水质全

国第一”的金字招牌。

既要守护着具有自然属性的宜居宜业的生态环境，又要倾力打造集成式的综合环境，着力在打造和谐舒心的人文环境、生活更便利的宜居环境、办事更高效的政务环境、企业更满意的政策环境、竞争更公平的法治环境、配置更合理的要素环境、关系更亲清的政商环境、企业轻装上阵的营商环境上下足“绣花功夫”，让群众乐享生活、让游客宾至如归、让企业更好发展。

要依靠人民持续做优城市环境，也要让最优的城市环境惠及人民，让人民共享城市环境带来的成果，增强群众的幸福感、获得感、自豪感。

要抓住后疫情时代人们对美好生活的向往，对田园生活的渴望，对亲近自然的需要，充分利用好生态环境天然优势，发展近郊户外休闲娱乐产业，完善基础设施设备，加强规范化管理和定期维护等，为群众提供融入自然的生活体验和休闲度假等全方位服务。

2. 持续营造亲民氛围

“接地气”才能“聚人气”，一座城市的品牌塑造，实质上是要提高城市的人文服务体系水平。2023 年“十一”黄金周期间，各地为了吸引游客纷纷出招，其中江苏扬州推出由市政府西大院食堂向游客提供淮扬特色简餐，外地游客凭身份证免费乘坐市区公交，主城区景区周边 40 处政府机关及事业单位内部停车场免费开放等举措，在舆论场上形成了正面舆论热点。特别是扬州市政府食堂向游客开放后，有网友在社交媒体上晒出了扬州市政府食堂的游客餐，有荤有素，四菜一汤 28 元。不少人为扬州的举措点赞称“扬州为了旅游业拼了”“物美价廉，味道不错，而且还能停车”。媒体对扬州市政府食堂向游客开放点赞称“是对‘建设服务型政府’的生动诠释”。

而扬州之所以能在诸多旅游城市中“出圈”，与其内在的人性化旅游服务理念息息相关。切实抓住出行高峰期游客“吃饭难”“停车难”的问题，通过有效整合自身的文旅资源、政府资源和社会公共资源等，提高资源利用效率，有效平衡供需，着力解决旅游体验的痛点。

在这方面，柳州也采取一些举措。2023年4月29日0时至5月3日24时，市区内109个公共停车场（点）全免费停车，文昌综合楼东西面停车场、启元广场南面露天停车场等39个公共停车场、市区道路边规划共50000多个停车位免费停车，为“五一”期间来柳的游客提供了良好体验。这样的“宠粉”举措应当实现常态化，应借鉴扬州等城市经验，在停车、餐饮、住宿、出行等方面进一步挖掘潜力，努力整合更多公共资源为游客服务，营造让广大游客开心、舒心、放心、暖心的旅游环境，打造“近者悦、远者来”的文旅生态。

具体来说，还可以从以下方面发力彰显亲民友好输出城市温暖：一是引导作为“全国文明单位”的柳州轨道集团恒达巴士公司，充分展现柳州文明公交文化，持续推出“假期专线”“嘞粉专线”等多种绿色便民出行专线，让公交温暖、公交文明、公交文化深入人心；二是将政府和车企提供的新能源汽车惠民福利融入文旅发展，让环保出行红利普惠外来游客，充分利用车潮文化宣介柳州，让浓郁文化变成风景，滋养身心，激发和展现柳州“新青年旅游目的地”的青春活力；三是随着外来游客增多，网民对便捷出行意见较多，可在认真研判的基础上引入共享单车以便利游客短途出行。

附录

·柳州螺蛳粉发展简史·

一、柳州人食螺历史超过 2 万年

柳州人食螺的历史，可以追溯到距今 2 万多年前居住在白莲洞的“柳江人”。在距离柳州螺蛳粉产业园 4 公里的柳州白莲洞洞穴科学博物馆里，收藏有出土的螺蛳化石，尾部也有敲掉的痕迹。这说明白莲洞人懂得采集、加工和食用螺蛳。

二、螺蛳粉诞生在柳州街头

柳州螺蛳粉诞生于 20 世纪 70 年代末 80 年代初的柳州夜宵摊，一个美丽的巧合让米粉和螺蛳汤相遇，一种特别的美味由此诞生。这一美食迅速风靡柳州街头，深得柳州人的喜爱，门店遍布柳州的大街小巷。现存最早的螺蛳粉个体工商业营业执照是在 1988 年颁发的。

三、尝试生产速食螺蛳粉

家柳螺蛳粉厂、柳柳螺蛳粉厂、方便食品厂、食品总厂等多家企业开始探索袋装螺蛳粉。由于当时技术尚未成熟，袋装螺蛳粉风味还原度较低，加之快递业尚未兴起，未形成销售规模。

四、入选自治区级非物质文化遗产名录

2008 年“柳州螺蛳粉手工制作技艺”入选第二批自治区级非物质文化遗产名录。也是在这一时期，螺蛳粉开始进入柳州饭店等星级宾馆。

五、实施“螺蛳粉进京”计划

2011 年，柳州发布《柳州市人民政府关于加强住宿餐饮业发展的意见》，首次提出实施“螺蛳粉进京”项目，柳州螺蛳粉开始向全国推广。这一项目通过鼓励餐饮企业到北上广等大城市开设柳州螺蛳粉门店的方式，向全国推广柳州螺蛳粉，并通过店面展示柳州城市形象。

六、扩大宣传提升名气

2012 年 5 月，央视纪录片《舌尖上的中国》在第一集介绍了柳州螺蛳粉的主料之一酸笋，并出现有关用酸笋制作柳州螺蛳粉的介绍。

2012 年 9 月，柳州推出“万人同品螺蛳粉”活动，架起直径 15 米的“天下第一锅”，上万名市民和游客同时免费品尝柳州传统美食螺蛳粉，极具画面感的场景被新华社等各大媒体报道。

七、第一家袋装螺蛳粉企业诞生

2014 年 10 月，原柳州市食品药品监督管理局（今柳州市市场监督管理局）向柳州市全汇食品有限责任公司发放了柳州首张预包装螺蛳粉生产许可证，标志着柳州螺蛳粉从此走上了工业化发展道路。随后，数十家袋装螺蛳粉生产企业相继诞生。

八、提出打造“百亿产业”

2015 年柳州市年中工作会议上，柳州提出大力培育发展柳州螺蛳粉产业，实施“百城千店”工程，加快连锁经营和产业布局：建立螺蛳粉标准化体系，将螺蛳粉产业打造成百亿产业。当年，袋装柳州螺蛳粉产值达到 5 亿元。

九、柳州市螺蛳粉协会成立

2015 年 7 月 20 日，柳州市螺蛳粉行业协会成立，螺蛳粉标准行业自律正式启动。柳州市螺蛳粉协会的成立，推进了螺蛳粉行业规范标准的出台，让柳州袋装螺蛳粉走向全国甚至世界市场。

十、柳州螺蛳粉产业园揭牌

2016 年 1 月，柳州螺蛳粉产业园揭牌，开启柳州螺蛳粉产业化、标准化发展之路。

十一、柳州螺蛳粉地方标准发布

2016 年 2 月 25 日，柳州螺蛳粉地方标准发布，该标准对预包装柳州螺蛳粉的术语和定义、产品分类、要求、食品添加剂、生产加工过程的卫生要求、检验方法、检验规则、标签、标志、包装、运输、贮存及保质期等进行详细规定，标准于当年 5 月 1 日起正式施行。

十二、供给侧结构性改革典型案例

2016 年 3 月 18 日，新华社播发国内通稿《从“路边摊”走进“工业园”——供给侧改革让广西名小吃“柳州螺蛳粉”俏销全球》，点赞柳州螺蛳粉是供给侧改革的范例，上百家媒体采用。

十三、柳州螺蛳粉出口美国

2016 年 12 月 8 日，广西螺霸王食品有限公司正式获得出口食品生产企业备案证明书，成为柳州第一家具备出口资质的螺蛳粉企业。

2017 年 1 月 13 日，第一个装载价值 60 万元人民币的 5 万包“螺状元”柳州螺蛳粉的集装箱出口美国，这是柳州螺蛳粉首次出口贸易。

十四、举办螺蛳粉品牌评比表彰大会

2017年4月24日，柳州螺蛳粉（预包装）品牌评比表彰大会举行。柳州市政府拿出650万元的奖金重奖评选出的优质品牌。特等奖由广西螺霸王食品有限公司的“螺霸王”品牌获得，获得奖金300万元；柳州市螺状元食品有限公司的“螺状元”品牌、柳州沪桂食品有限公司的“嘻螺会”品牌获得一等奖，奖金分别为100万元。

十五、螺蛳粉带动形成广西首个“淘宝村”

2017年底，柳州市柳江区拉堡镇基隆村被阿里巴巴研究院认定为广西首个“淘宝村”，实现了西部6个省区市淘宝村的“零突破”。数据显示，该村当时有淘宝店铺100多家、阿里巴巴1688店铺超30家，其中经营螺蛳粉的就有47家，2017年该村的电商交易额达到1亿元以上。

十六、柳州螺蛳饮食文化博物馆建成

2018年1月8日，广西柳州螺蛳粉饮食文化博物馆在柳州螺蛳粉产业园建成开馆，这是柳州首个以螺蛳粉为主题的民间博物馆，致力于保护和传承柳州螺蛳粉文化，助力柳州螺蛳粉产业发展。当年，柳州螺蛳粉产业园旅游景区被评为国家AAAA级景区。

十七、地理标志证明商标启用

2018年8月28日，柳州市召开柳州螺蛳粉地理标志证明商标启用新闻发布会，强调“柳州螺蛳粉只能柳州造”。首批22家预包装螺蛳粉生产企业获得授权使用该证明商标。

十八、柳州螺蛳粉检验检测中心启用

2018年2月11日，柳州螺蛳粉检验检测中心揭牌仪式在柳州市食品药品检验所举行，标志着柳州螺蛳粉质量安全监管有了强有力的技术支撑。

十九、成为淘宝美食霸主

2018年12月11日，淘宝官方发布的“2018民间美食地图”显示，2018年中国人在淘宝上“吃掉”2840万份螺蛳粉。当年，柳州预包装（袋装）螺蛳粉销售收入近45亿元。

二十、柳州螺蛳粉电子商务产业园开园

2019年3月，柳州螺蛳粉电子商务产业园开园，成为全国首个以地方小吃单品为主体的电商营销集聚区。

二十一、央视26分钟深度报道螺蛳粉

2019年10月15日，央视国际频道在新开播的节目《美食中国》播出纪录片《无螺不欢》，用26分钟时长，向全球观众详细介绍柳州螺蛳粉的制作过程及有关文化。

二十二、数十次登上热搜榜

2020年上半年，新冠疫情带来的“宅家经济”发展迅猛，柳州螺蛳粉因缺货而遭遇全民呼唤，登顶淘宝“宅家”美食第一名，先后30多次登上微博热搜榜，相关话题累计阅读量超过50亿次。

二十三、柳州螺蛳粉产业学院爆红

2020年5月28日，全国首家螺蛳粉产业学院在柳州职业技术学院

揭牌，立足于培养一批高素质、极具创新力的螺蛳粉产业技术技能复合应用型人才。这一消息随即登上微博热搜榜，引发舆论广泛关注。

二十四、出口暴涨折射中国经济韧性

2020 年上半年，柳州螺蛳粉出口“井喷”。当年 1—6 月经海关检验出口的柳州螺蛳粉总值是 2019 年全年出口总值的 8 倍。2020 年 7 月 18 日央视主播海霞在《主播说联播》栏目中据此点评柳州螺蛳粉“出圈”是“中国经济有韧性的一个缩影”。

二十五、登上“新四大文化输出”榜首

2020 年 11 月 4 日，《光明日报》刊发评论《螺蛳粉输出的也是中华饮食文化》。评论引述称：网友评选出中国对外输出的“新四大文化”：螺蛳粉、广场舞、中国网文、网购中国商品，其中螺蛳粉排名榜首。这些在海外受到热捧的产品和现象体现着中国对外输出文化产品越来越丰富的大趋势，体现了中国文化与世界越来越密切的融合。

二十六、提前两年实现百亿目标

2020 年 12 月 18 日上午，柳州市人民政府举办“袋装柳州螺蛳粉产销突破百亿”新闻发布会。截至 2020 年 12 月 17 日，袋装柳州螺蛳粉产销突破百亿元，达到 105.60 亿元，较前一年增长 68.80%，提前 2 年完成“袋装柳州螺蛳粉销售收入 100 亿元”工程。

二十七、助力柳州成为“最具能见度”城市

2021 年 2 月 4 日，《南方周末》刊发由“南方周末城市（区域）研究中心”发布的“2020 年城市形象传播年度观察报告”并揭晓 2020 十大“最具能见度”城市。其中，柳州因柳州螺蛳粉爆红网络以“风味之

城”排名全国第二。

二十八、习近平总书记称赞柳州螺蛳粉

2021年4月26日，习近平总书记考察柳州螺蛳粉产业生产集聚区，对“小米粉大产业”称赞道：“真是令人惊奇！小米粉搞出这么大规模的产业来，不容易，值得好好研究总结。”总书记叮嘱大家：“发展产业一定要有特色。螺蛳粉就是特色，抓住了大家的胃，做成了舌尖上的产业。要继续走品牌化道路，同时坚持高质量、把住高标准。我相信，将来螺蛳粉产业会有更大的发展前景。”

二十九、成为国家级非遗代表性项目

2021年6月10日，广西“柳州螺蛳粉制作技艺”入选第五批国家级非物质文化遗产代表性项目名录。

三十、广西出台方案推进米粉产业发展

2021年8月，广西壮族自治区人民政府办公厅印发《加快推进柳州螺蛳粉及广西优势特色米粉产业高质量发展实施方案》。此次是自治区层面首次为米粉产业量身定做的高质量发展方案。该方案提出，至2025年，力争实现广西优势特色米粉全产业链销售收入超1000亿元。

三十一、柳州出台方案推进螺蛳粉产业发展

2021年9月，柳州市委市政府印发《加快推进柳州螺蛳粉高质量发展工作总体实施方案》，明确柳州将继续用工业化的理念谋划发展柳州螺蛳粉全产业链。

三十二、在中国质量大会分享经验

2021 年 9 月 16 日，第四届中国质量大会在杭州举办。会上，柳州市以《推动高质量发展　造就“柳州惊奇”——以柳州螺蛳粉产业发展为例》，分享柳州螺蛳粉产业在高质量发展上的经验做法。

三十三、国务院办公厅通报表扬

2021 年 11 月，“柳州市精准发力推动螺蛳粉产业快速发展”作为国务院第八次大督查发现的典型经验做法，获国务院办公厅通报表扬。

三十四、袋装柳州螺蛳粉年寄递量首次突破 1 亿件

截至 2021 年 11 月 28 日，当年通过快递渠道从柳州寄出的袋装柳州螺蛳粉达到 100000138 件，寄递业务收入达 2.75 亿元，柳州螺蛳粉成为广西首个年寄递量过亿的单类产品。

三十五、袋装柳州螺蛳粉年销售收入突破 150 亿元

2021 年，袋装柳州螺蛳粉销售收入达 151.97 亿元，同比增长 38.23%。

三十六、助力柳州城市形象国际传播获奖

2022 年 2 月，2021 年度“对外传播十大优秀案例”评选揭晓，柳州市委宣传部、市政府新闻办选送的《挖掘地方美食传播题材　讲好“有味道的”中国故事——广西柳州以螺蛳粉为载体提升国际传播能力的探索与启示》在众多报送案例中脱颖而出，成为唯一获奖的地级市案例，也是广西城市首次获此奖项。

三十七、自治区出台方案扩大柳州螺蛳粉出口

2022 年 3 月，广西壮族自治区政府办公厅发布《扩大柳州螺蛳粉出口工作方案》，方案旨在推动柳州螺蛳粉产业迈向高端化、国际化，提升柳州螺蛳粉出口质量，扩大柳州螺蛳粉出口规模。方案明确提出，2025 年力争柳州螺蛳粉出口总额达到 1 亿元人民币以上。

三十八、《柳州市柳州螺蛳粉产业发展条例》施行

2022 年 9 月 23 日，《柳州市柳州螺蛳粉产业发展条例》在广西壮族自治区十三届人大常委会第三十三次会议第二次全体会议上获批准通过，定于 2022 年 11 月 1 日起正式施行。这是全国首部米粉类产业发展法规。

三十九、袋装柳州螺蛳粉年销售收入突破 180 亿元

2022 年，袋装柳州螺蛳粉销售收入 181.8 亿元，同比增长 19.6%。

四十、入选 2022 年度国内旅游宣传推广十佳案例

2023 年 5 月 27 日，文化和旅游部资源开发司印发《关于发布 2022 年全国国内旅游宣传推广优秀案例名单的通知》，揭晓 2022 年全国国内旅游宣传推广十佳案例。柳州市推荐的《小米粉里的‘柳州惊奇’——柳州螺蛳粉文旅特色品牌宣传推广》榜上有名。

四十一、入选“中华文化国际传播十大案例”

2023 年 5 月 27 日，在 2023 第七届中华文化海外传播大连论坛暨东北亚文明对话论坛上，2022—2023 年度“中华文化国际传播十大案例”发布，“螺蛳粉等‘网红小吃’香飘海外”作为“热点事件”入选。

四十二、柳州螺蛳粉出口突破 1 亿元

2023 年，柳州螺蛳粉出口货值约 1.0125 亿元，同比增长 38.2%。

（本书作者整理）

后 记

2024 年，是袋装柳州螺蛳粉诞生十周年。

令人惊奇的一碗粉，红遍天下，“圈粉”无数。十年间，柳州螺蛳粉不断创造惊奇、创造话题、创造热搜，在美食圈形成了独特的产业现象，在舆论场产生了特别的传播现象，还带动了柳州城市形象成功“出圈”。

柳州“红”，就像螺蛳粉里红红的辣椒油一样浓烈。柳州借“螺”增“粉”，进而以“正向网红”城市形象“出圈”，成为人们争相探秘的产业现象、传播现象。而今，每逢周末或节假日，许多螺蛳粉店食客排起长龙，各大景点人头攒动，不少酒店一房难求。

没有人能随随便便成功，一座城市也不可能随随便便走红。罗马不是一天建成的，柳州也不是一夜之间“爆红”的。柳州走红没有什么秘密，是柳州长期以来不断增进人民群众幸福感、获得感的结果，同时也是广大网友、螺蛳粉“粉丝”们众创的“神话”。

如今，柳州螺蛳粉已成为柳州“可食用的城市名片”，还风靡海外成为“有味道的中国名片”，向世界讲述着“有味道的”中国故事。

这正如网友所评论的：

从一碗街边小吃

到一份网红美食

短短一根网线的距离

柳州螺蛳粉走了十年

这十年

既有一个地方政府的从未放弃

也有民营企业的创新和努力

既有当地干部的务实干劲

也有柳州人民的敢想敢拼

一碗粉

一座城

一张名片

一种担当

十年磨一剑，“舌尖”带动“脚尖”。

柳州螺蛳粉的忠实“粉丝”，成为柳州的游客，从天南海北蜂拥而至，慕名前来“打卡”。“排队两小时，嗍粉五分钟”是柳州不少螺蛳粉店的日常；“自驾 2000 公里只为吃一碗柳州螺蛳粉”这样的事例，在各大视频平台屡见不鲜。

在宣传部门和各级媒体的推动下，螺蛳粉成为热搜榜上的常客。无怪乎《每日人物》杂志评价道：“柳州市政府似乎深谙网络营销的路数，每一个螺蛳粉行业新动向，最终都通过热门微博与公众见面。”

“网红粉”带火“网红城”。

远道而来的各地游客深深爱着柳州这个魂牵梦萦的“素未谋面的老家”。不少人来到柳州才惊奇地发现，“螺蛳粉的故乡”竟然是已累计生产汽车超过 3000 万辆的“神车之城”，这座广西最大的工业城市，其地表水水质竟然连续 4 年排名全国第一，还是被誉为“紫荆花城”的全国洋紫荆种植量最大的城市……大家纷纷在网上晒出生活在这座城市“小确幸”，各个“宝藏”景点也被细心的网友挖掘、创造了出来，形成了一批“网红景点”，吸引了更多游客前来打卡。

“生活中不是缺少美，而是缺少发现美的眼睛。”可以说，是柳州螺蛳粉的“粉丝”们的慧眼和智慧，发现了柳州、塑造了柳州、传播了柳州。

前文引述网友对柳州的评价很贴切，而我认为，还应该加上一句话——柳州“红”的背后，既有本地人的埋头苦干，也有“粉丝”的不离不弃，更有这个时代的人间烟火。

对于新闻工作者来说，柳州螺蛳粉的传播现象，是值得深入研究的样本。

从2011年柳州实施“螺蛳粉进京”项目开始，我一直跟踪报道和研究柳州螺蛳粉。其间，因工作变动，让我得以从中央媒体、宣传部门、地方媒体等多个角度，关注、观察螺蛳粉产业并研究螺蛳粉传播现象。从新闻记者的角度，我采制了一批有关螺蛳粉的新闻作品；从宣传干部的角度，我策划了一系列螺蛳粉品牌宣传；从新闻传播研究者的角度，我发表了一系列研究地方特色美食传播和城市形象传播的论文，主持和参与了相关研究课题。

对于螺蛳粉的宣传，我倾注了时间，倾注了精力，倾注了感情，也取得了一些成果。如，我撰写的案例《挖掘地方美食传播题材 讲好“有味道的”中国故事——广西柳州以螺蛳粉为载体提升国际传播能力的探索与启示》被中国外文局评为2021年度全国“对外传播十大优秀案例”；撰写的论文《地方饮食文化“现象级”国际传播效果的策略解析——以柳州螺蛳粉为例》获评广西第十七次社会科学优秀成果奖二等奖；总结岗位成果并撰写用新闻舆论工作推动柳州螺蛳粉产业发展的4个案例，连续4年被广西壮族自治区党委宣传部评为全区宣传工作“（优秀）创新工作案例”；以螺蛳粉为题材创作的新闻作品获评中国新闻奖，并多次获评广西新闻奖一等奖。

很早之前，我就在思考，到袋装柳州螺蛳粉诞生十周年时，以什么方式探析和总结螺蛳粉这一特色美食“长红”近十年并带动柳州城市形象“出圈”背后的奥秘。

有幸获得广西壮族自治区党委宣传部“广西文化青年拔尖人才”相关项目的支持，鞭策我完成本书的创作。在本书写作过程中，得到了柳州市委宣传部、柳州市文化广电和旅游局、柳州市商务局、柳州市社科联等单位的指导和帮助。部分研究成果，有侯琳、夏辛萍、闫友明、黎寒池、谢耘、肖潇、吕柔柔等同志的贡献。在出版过程中，广西教育出版社的编辑同志提出了不少宝贵意见。在此，一并表示感谢。

这本书的形成，基于我十多年来对螺蛳粉产业发展的观察、二十多年来从事柳州城市形象传播工作的实践，以及对我推动、参与或熟悉的相关传播案例的研究总结。在写作时，可能存在调研采访不到位、资料掌握不充分、个人见解有偏差等方面问题，不免有或主观或遗漏或偏颇之处，敬请读者批评指正。

李　斌

2024 年 7 月 30 日